ひきこもっていても
元気に生きる

高井逸史・藤本文朗
森下　博・石井　守 編著

新日本出版社

目次

はじめに

かつて、ひきこもりといえば、児童や若者層の問題であり、学校現場の不登校であったと記憶しています。一九九一年、厚生労働省において「ひきこもり・不登校児童福祉対策モデル事業」が始まり、学校現場ではいじめ対応の一環として、ひきこもり対策が進められていました。あれから三〇年の月日が経ちますが、ひきこもりという言葉から当時連想されたのは、「オタク」などでしょうか。当事者に対する「怠けている」「甘えている」、その親に対する「甘やかしすぎ」「しつけができていない」などといった差別的な見方は、今日でも見受けられます。これまで精神医学や社会学、臨床心理の立場から多くの専門家が、ひきこもりの背景やその実態を報告していますが、いまだに世間の多くは、ひきこもりのことを正しく理解できていません。というより、理解しようとしていないというべきでしょう。

私（高井）自身、ひきこもり当事者と出会い共に活動するまでは、少なからず偏見をもっていました。しかし、彼らと膝を突き合わせ心境を聞くと、「自分の存在価値はクズ以下」「死ぬことを考えた」「仕事に就けない焦り」「世間に対する後ろめたさ」「ただただ両親に申し訳ない」などと、何年も深く悩み苦しんできたことを語ってくれました。当事者たちは苦しみを抱えながら、命を守るために社会から距離を取り、生きるためにひきこもっているのです。

これまで、ひきこもりといえば、若年層（一五～三九歳）の問題と認識されていましたが、内閣府は二〇一八年に四〇歳から六四歳までの中高年層を対象にひきこもりの調査を実施しました。その結果、ひきこもり状態にある中高年層は推計六一万人を超えると発表がありました。この推計数は若年層の五四万人より多い値です。さらにこの調査では、実にひきこもりの半数以上が四〇歳以上であるとされており、ひきこもりは若者層特有の問題だけではなく、中高年層の問題と広く知られるようになりました。

「八〇五〇問題」といわれる、八〇代の親が、五〇代のひきこもり状態の子どもと同居しながら、経済的困窮や社会的孤立を深める世帯が増えているのです。二〇一八年にひきこもりの子をもつ親の会「ＫＨＪ全国ひきこもり家族会連合会」が行った実態調査によると、ひきこもり当事者の親の平均年齢は約六六歳と、ひきこもり当事者も家族も高齢化している実態が明らかになりました。つまり、これまで「就学・就労」をひきこもりのゴールと考えてきた政府の施策や世間の一般論に限界や課題が生じているということです。むしろ「就学・就労」をゴールだと考える発想や価値観が、当事者やその家族を追い込み、取り返しのつかない深刻な事態を招いているのではないかという危惧を持っています。

二〇一九年、社会に衝撃を与えた二つの事件がありました。一つは五月に起きた神奈川県川崎市の通り魔殺傷事件。犯人はひきこもり傾向にあったと報道されました。もう一つはその数日後、東京都練馬区に住む父親（七〇代）がひきこもる息子（四〇代）の胸などを刺し殺害するという事件です。練馬区の事件では、殺害にいたるまで、その父親は誰かに助けを求めることはできなかったのでしょうか。ひきこもりの当事者を支援するグループに相談していれば、こうした最悪の事態を招くことを回避することができたかもしれないと思うと悔やみきれません。

「八〇五〇問題」に代表されるように、「壮年期の子どもが仕事もせず家に閉じこもっている」ことを家の恥と考える価値観があり、当事者も家族も周囲に一切話さず隠し通す傾向があります。そのことでよりいっそう社会から孤立を深めてしまい、事態を深刻化させています。

本書は就学や就労といった当事者の社会復帰をゴールとするこれまでの価値観や世間体にとらわれず、当事者やその家族が自分らしく前向きに少しでも元気になれることをめざしました。ひきこもることを〝悪〟とはせず、生きるために必要な行為と考えており、ひきこもりから脱出することを目的に書かれた書籍ではありません。

本書は三つの章とコラムに構成され、ひきこもりや不登校の子どもを持つ家族、そして支援者、関係者を対象としています。まずＰａｒｔ１では、本書を読み進めていただくために「ひきこもりへの理解」「親としての関わり」を中心に構成しています。Ｐａｒｔ２では就労にとらわれず、当事者が自助グループを立ち上げ、彼らが生き生きとした社会活動を進めている様子を報告しています。Ｐａｒｔ３では当事者を支援する立場から様々な専門家の意見や調査結果を報告しています。

二〇二〇年、世界中に新コロナウイルスの感染が蔓延(まんえん)し、日本でも四月に緊急事態宣言が発令されました。これまでの働き方が見直され、自宅に居ながらオンライン会議やテレワークなど、在宅ワークが推進されました。こうしたことも一つのきっかけに、働くスタイルの多様性が定着すれば、当事者が楽にひきこもり、希望する人は明るく在宅ワークができるようになるかもしれません。そうしたことを願っています。

この本はひきこもりの子どもを持つある編者の発案により企画されました。様々な支援者、当事者の家族の方、専門家の方に執筆していただきました。Ｐａｒｔ１の事例紹介に協力してくださった西村啓子さん、石田玲子さん、松田英樹さんにお礼を申し上げます。この本の編集にねばり強く二年間かかわってくれた新日本出版社編集部の角田真己氏に謝意を述べます。

二〇二一年四月

編者を代表して　高井逸史

※この本へのご意見、ご質問、相談などについては、文書にて新日本出版社を通してお寄せいただければ、編者・執筆者の協力・分担で、誠意を持ってお答えさせていただきます。

Part1 「ひきこもり」状態をどう理解するか

森下 博

ある当事者のお母さんから、長期間、ひきこもり状態を続けてきた三〇代の娘が、「ひきこもりって、そんなにいけないことなんかなぁ」とつぶやくのを聞いてハッとした、という話を聞いたことがあります。そのお母さんは、学齢期に娘がひきこもるようになって以来、「何とか学校に行けるようになれないか」、青年期になったときには、「どこかで働けるようにならないだろうか」ということばかりを考え、熱心に働きかけてきたそうです。それはもちろん、わが子の将来を心配してのことでしたが、娘さんはひきこもったままでした。

そんな時間を、およそ二〇年近く続け、展望を失っていたある日、右のような娘さんのつぶやきを聞きました。お母さんは、なぜかその時、「そうか、本人にとってはひきこもりって悪いことなんかじゃないのかも」と感じたそうです。娘さんのつぶやき方が、母親としての心の琴線にふれるものだったのかもしれません。このお母さんが「本人にとっては」と気づかれたことが大きなことだったのだと思います。「ひきこもり」というものをどのように考えるかについての、いわば視点の転換がそこにあったのではないかと感じました。

このお母さん自身がそうであったのだろうと思いますが、ひきこもることになった人に対して周囲は、「外に出られるように」「学校に行けるように」「会社に行けるように」と考えることが多いと思います。中には、そうできない当事者に「もっと努力しろ」と言ってみたり、「親の育て方が悪い」と言ってみたりする人もいます。そうする背景には、「職場・学校へ行くのはあたりまえ」という「常識」あるいは固定観念のようなものがあるのでしょう。

このお母さんの気づきは、ひきこもる当事者にとってはそうした「常識」や固定観念があてはまらないのかもしれないというものでした。筆者は、これはひきこもり問題を理解する上で非常に重要だと思います。

人はなぜ、ひきこもるのか、ひきこもらざるを得なくなるのか、そのきっかけや原因は、百人百様です。その原因などについて、それを取り除く努力をしたり、当事者とそのことを話し合ったりといったことを、周囲がすべきかどうかは、当事者の事情にもより微妙な問題があると思われ、一律的なことはいえないと思います（もちろん、ひきこもる原因は取り除かれた方がいいのですが、それをもって本人にひきこもり状態をやめるよう働きかけることがいいかどうかはケースバイケースだという意味です）。ただ、筆者たちが一ついえるのは、「学校・職場に行かないと大変なことになる」というおとな（親・家族）の固定観念（常識）からいったん離れて、ひきこもり当事者が「何を望んでいるのか」を、当事者の気持ちになって、周囲が考えてみることが何よりも大切だということです。

私たちは、「当事者を尊重しながら、当事者が元気になるよう支援する」ことを基本的な視点としてきました。同時に、当事者が「ひきこもりながらでも生きていける」ということも含め、多様な生き方を支援する社会をめざしたいと考えています。

今の私たちの中にある常識的な考え方を急に変えることはそう容易ではありません。ひきこもり問題を通じて、「常識」を見直しながら、全体としてそれぞれの生活の場を豊かにしていくことも必要だと思います。時間がかかっても、当事者との認識のズレを修正しながら模索していけば、「常識」を乗り越えたところでお互いに人として成長する機会ともなり、当事者とのいい関係をつくっていくこともできると考えます。

そうするためには、一人ひとりの人権を何よりも尊重することが必要だと思います。ひきこもる人だけでなく、「つらくなった人」を誰一人として見捨てたり、置き去りにしたりしないでケアをするということが必要です。

学校や職場や地域社会が、当事者や家族を排除し孤立させてしまうようなことは本来あってはなりません。いろいろな事情があってひきこもることになったにせよ、すべての国民には生存権や基本的人権があり、個人として尊重されるべきです。それは最高法規である日本国憲法も定めている通りです。そうした考え方は、ひきこもらなくてもすむ社会をつくることにもつながっていると思います。

経済的豊かさを求め続けてきた社会の中で、ある時からそれが過剰になり、極端な競争社会や格差が生まれてしまい、「強い者」がそれ以外を圧迫するようなありようが、学校、職場、地域社会、あるいは家族の中にさえ生じてしまうようになってきたように思われます。個人が尊重されるはずの社会に大きな歪みがもたらされてしまいました。本来であればそうした状況を正す取り組みが、公的責任のもとでなされるべきでしたが、むしろ、「何事も自己責任」という考え方が幅をきかせ、政治・行政の世界においては社会保障や福祉が切り捨てられ、貧困対策も行き届かず、格差は放置され拡大しています。もともと人間は、個人だけでは生きていけない存在ですが、今の日本ではいろいろないきさつで困難を抱えるに至った人に、ひとまず落ち着ける居場所を提供したりサポートをしたりする公的な仕組みは限りなく小さくなってしまい、苦難の救済は個人の努力に押し付けられています。ひきこもりという現象も、大きくみれば、こうした世の中の「空気」の中で起きているし、ひきこもった人に対する支援も十分ではなく、ひきこもる人が社会から排除され孤立を深めることになってしまっています。

こうした状況は、個人が尊重されるべき社会においては、本来あってはならないことですし、日本の場合は、後述する「八〇五〇問題」のように、現在と比べても比較にならないほど深刻な事態を招きかねない状況にあります。問題は、社会全体で考えなくてはいけないところにまできていると思います。

1　家族、当事者の事例から

本書のスタンスから見て興味深く、学ぶことの多かった、ひきこもり当事者とその家族の事例を、まず最初に三つお伝えしたいと思います（人物は仮名）。

〔1〕親としての不安と息子への配慮と

大阪府在住の西村啓子さんの場合です。西村さんは二人兄弟のお母さんですが、次男が小学二年生の時（一九八六年）、登校拒否になりました。中学校はさみだれ登校から不登校に。高校は通信制、その後、専門学校を喘ぎながら何とか卒業しました。

関東から大阪に引っ越したのがきっかけでした。小さい時から人見知りが激しい性格で、全く知らぬ土地で、友達もなく一人ぼっちのような状態になってしまい、毎日学校に行くのがつらくなったのです。

当時、「不登校」「登校拒否」という言葉もまだ一般的になってはおらず、父母は、「学校へ行かねばならない。行くものだ」と思い込んでいましたし、わが子の不登校という状態を受け入れることができず、ただただ学校へ行かせることばかりを考えていたそうです。

当時のことを、「闇の中」にいたと振り返る西村さんは、子どもよりも自分のしんどさで頭の中がいっぱいだったと話します。叱咤激励したりおどしたりして息子を学校に強引に連れていくことに終始していました。こうした行為を「登校刺激」といいますが、いくら登校刺激を繰り返しても次男は頑として登校しませんでした。

そうしたことを繰り返した結果、西村さんは心身共に疲れ果て、力が抜けてしまったそうです。そうなって初めて、わが子が「学校に行っていない」という現状を認めざるを得なくなり、「そこから出発するしかないと観念しました」と述べています。

小学校三年生の時、親身になって考えてくれる教師が担任になり、いろいろな配慮・工夫をしてくれたことで、少し元気になり学校に行けたこともありました。ところが、六年生の時に、子ども会のソフトボール大会の練習で、コーチの厳しい指導を受けたことがきっかけで体調を崩し、再び学校を休むようになりました。

当時、夫は、憔悴しきったわが子に、「なんでそんなことぐらいで学校にいけないんだ。情けない、ノミの心臓やないか！」と激高し、家の中の空気は耐えがたく重いものになってしまったといいます。西村さんは、当時の次男の様子について次のように語ります。

「当時、小学六年だった次男は、もともと食べることが好きで、食欲旺盛でしたが、この時期、少しの納豆ごはんとポテトチップしか食べられなくなったようです。そして、毎日つらそうな表情で横になりながら漫画を読むことで自分を保っていました。少々ふっくら気味だったがっちりした体はガリガリになり不眠や頭痛、気分の悪さを訴えていました。

通信制高校を卒業した頃も、西村さんは、「社会に出て働くのが普通」と考えていたため、息子に新聞の求人広告を見せたり、履歴書を用意し、書くよう促すなどしていました。西村さんは、そうした登校・就労刺激が息子を追いつめ、苦しめていることをなんとなく感じていたそうです。「わが子がどこにも所属せずに家にいることは、親にとって大変不安でした。学齢期に心の底では消えることのなかった、『学校に行ってほしい』という気持ちと同じく、『外で就労をしてほしい』という気持ちはずっと存在し続けました」と、親の苦しみ、本音を語る一方、中学校を卒業したころからは、息子の心に配慮しながら、親子の関係性を育み続けようと登校・就労刺激を控えるよう努力していたようです。

次男が二七歳の時、夫が重い病気で入院し、西村さんが病棟に泊まり込んで看病したことがありました。その間、次男には、家事などの手伝いを頼みました。夫は間もなく亡くなり、西村さんが就労することになった時、次男に家事を本格的に頼み、対価として「給与」や「一時金」を払うようにしたそうです。

次男は家事をしっかりこなし、外には出ないものの、実質、家事労働者のように生活が変化していったようです。西村さんが仕事で遅く帰っても、食事の用意ができていた時には何よりも助かり、嬉しかったそうです。次男には感謝の言葉は必ず伝えてきました。

家事をきっかけに、次男は、お菓子作りに興味を持ち、レシピを参考に作るようになりました。やがて、西村さんの親しい友人から「ケーキを売ったらいいのに」と言われました。西村さんが試しに、「ケーキを三本焼いてもらえないか」と言うと、次男は焼いてくれ、その友人が買ってくれました。その後も、注文をとり、その数を次男が作って買ってもらうということが続きました。西村さんが「登校拒否・不登校問題全国のつどい」に参加した時には、全国の参加者から注文を集め、次男が一度に全部焼いて発送するということもありました。その後も注文が入り、今では一〇都道県から注文を受けているといいます。

二年間ほど「パティシエ」として「仕事」をしたことで、家のなかでの生活力を身につけ、人から頼りにされていることや達成感を実感できるようになって、次男は明るくなっていきました。西村さんは、これは宝物のような経験だったと言います。

〔2〕両親が見方を変えたことで元気に

石田玲子さんは関西在住、男一人、女二人の三人の子どものお母さんです。長男がひきこもりました。小学校までは何事もなく経過し、中学に入ってからも部活を頑張り抜いて主将にもなりました。そんな長男は、友達からも人気がありました。

ところが、二〇〇八年一月、中学二年の時から、クラスでいじめに遭うようになりました。誰かが彼の名で級友に対し挑発的なメールを送りつけるという、いわゆる「なりすましメール」によって、彼に対するクラスの雰囲気が一変し、完全に孤立状態に追い込まれてしまったのです。これ以降、長男は学校に行けなくなってしまいました。本人の希望で中学三年の四月に転校、マンションを借りて引っ越しました。

母である石田さんは、「私は、しつけのかなり厳しい母親だったと思います。夫も同様でした」と語ります。息子が学校に行けなくなってからは、「『何とかして立ち直らせたい』との一心で、親戚・知人・医療機関などあらゆるところに助けを求めた」とのことですが、同時に、夫とは息子のことをめぐって、言い争うこともあったようです。ある日、その言い争いを偶然聞いてしまった長男が、自分のことで両親が激しく争っていることを苦に、その場にあった金具で、自分の腕を刺し、ケガをしたこともありました。とっさの行動だったようです。それ以降、夫婦は息子の前では、言い争いを避けるようにしたそうですが、家族の中には、そのような重苦しい空気が漂っていました。石田さんは、そのできごとがあった時でさえ、「こんなにケガをしたら明日、学校に行こうとしても差し障る」と思っていたそうで、当時の両親の思いは、やはり「なんとか学校に行けるようになってほしい」というものでした。

長男は、転校したものの、以前のように登校できたのは中学三年の四月末までで、それ以降、だんだん学校に行けなくなりました。その年の一〇月に、「学校へ行かなくても勉強はできる。今日で学校行くのは最後にする」と宣言したといいます。

それに対する石田さん夫婦の受けとめはいろいろあったのですが、結果的には息子の言葉を受け入れ、その意志通りに不登校を容認することになりました。母である石田さんは実はそれ以前から、「不登校親の会」に参加するなどし、ひきこもり問題について考える中で、就学刺激をしないよう努力するようになっていました。ある人から、「親が楽にならないと息子さんは元気になれない。母親が完璧主義をやめること、息子さんの望む通りにさせてあげること、信頼の土台をもう一度つくり直すつもりで」と言われ、考えさせられたこともあったそうです。息子が話す言葉に耳を傾けて、彼の願いをかなえるよう意識的に努力しました。「夜中に突然『ジュースが飲みたい』と言いだしたり、いろんな甘えのようなこともあったのですが、息子なりに母親である私との関係性をつくりなおそうとしているように感じ、私も彼に応じてきました。大変でしたけど、彼のいろんな要望には一〇〇パーセント近くこたえたと思います」。

一方、彼女の夫は、不登校に対し厳しい見方を続け、息子との関係性も険悪になったりしていたのです。ただある日、長男に「おまえの気持ちも考えずに、父親失格だ。お父さんが悪かった」と謝るということがありました。そしてその後は息子への接し方が大きく変わったそうです。父子二人でドライブに行ったり、キャンプに行ったりもしました。石田さんが、「私以上に、何でも話し合えるいい関係を築いていったようです」と言うほどでした。石田さんは夫の変化について、「父親として、夫婦間や長男との信頼関係を修復したいと彼なりに考えるところがあったのではないか」と言います。

夫婦は長男を深く理解しようとし、その考えをできる限り尊重する姿勢で接するようになりました。全寮制の高校に進学したいという長男の希望は、経済的負担は大きかったものの、受け入れました。

両親が「息子の人生は息子のもの。親の言う通りではなく、自分の人生は自分で決めるもの」という境地に達するようになった後、長男にも変化が現れました。やがて高校を卒業した長男は、他県で就職し、よく働き上司からも可愛がられました。その後、会社都合でいったん退社するということもありましたが、すぐに次の就職先が決まり、しっかり仕事をしています。退社の知らせがあった時、両親ともに、以前のように不安にはならなかったといいます。長い苦しみを乗り越えてきた時間の経過が、当事者だけでなく、両親それぞれの成長、親子の信頼関係につながっているのかもしれません。

これは、両親が苦しむ息子への見方や考え方を大きく変えたことが、息子が元気をとり戻し人間としての成長につながった事例のように思えます。それにしても、なぜ両親が変わることができたのか——石田さんは、「本心をいえば、あの苦しくつらく、絶望に近い毎日を、これ以上続けたら、精神的に頑張れない、私が倒れてしまうのではないか、と思ったのです。正直、ぎりぎりのところまで追い詰められていたからだと思います」と語っています。

［3］「自己を解放する」経験きっかけに

松田英樹さんは一九七一年、三兄弟の次男として生まれました。両親と五人家族で暮らしていましたが、大学卒業後、就職の失敗をきっかけに二四歳の時から約三年間ひきこもりました。二七歳の時、個別塾を開業。ひきこもり状態に終止符を打ちました。筆者が関わっている当事者支援グループで刊行した本（ひきこもり当事者発信プロジェクト『「あたりまえ」からずれても』二〇二〇年、日本機関紙出版センター）に、自身の経験を執筆してもらいましたので、要約しながら、彼がひきこもった経緯を中心に紹介します。

もともと小さい時から、極度に緊張する性格で、人前で話すと声が震え、顔が赤くなったりするたちでした。滑舌も悪く吃音（きつおん）もあり、人と話すのが苦手だったようです。ただ、学校の勉強は苦手ではなく、小学生の頃はクラスの中心的存在だった時もありました。

ところが、進学した中学校はいわゆる「荒れた」学校で「ヤンキー」たちの目を恐れて学校生活を送ったそうです。松田さんはそこから離れたいという一心で猛勉強して志望高校に合格。ただ、進学先の高校では、本人の弁によれば、「中学三年間のたまっていたものが一気に爆発したように弾け」、学習意欲を失い成績は下降してしまいました。

そんなことから大学受験に二回失敗。三回目の挑戦で国立大学の工学部に合格したものの、将来の目標があって入学したわけではなく、学びへの意欲はないまま、通学は週に一～二回。一方で話すのが苦手だったこともあり、アルバイトをしても、どれも二週間ほどでクビになり、「ああ、自分は人と接する仕事は無理なんだ」と感じていたようです。

四回生になり周りが就職活動を開始したのは、「バブル経済」の崩壊後、一九九〇年代半ばのいわゆる「就職氷河期」でした。松田さんは、「自分に何ができるのか、自分が何をしたいのか」を、人生で初めて真剣に考えましたが、それまでの学校生活の中で足がかりになるような経験もなければ、それについて考えたことや誰かと話し合ったこともなかったせいか、答えが出なかったようです。公務員をめざすことにし、受験できそうなところは全部受けましたが不合格の連続。唯一、合格した警察に入職したのですが、訓練に耐えられず、わずか二週間でスピード退職するに至りました。

翌年、二度目の就活でも、公務員試験を受験しつづけたものの全部不合格。面接で、二週間で警察を辞めたことを問われても、真摯(しんし)に答えることはなかったし、総じて、「私の態度は……(相手から見れば)ふてぶてしかったと思います」と振り返っています。人と接することへの苦手意識や、一方で、受験競争で「勝者」となった自己へのプライドなど様々な事情から自分の進路を深く見つめることなく過ごしてきた日々などが、松田さんの行動に深いところで影響しているように見えます(なお、松田さんは「学力の高くない人を見下してきました」と率直に書いておられますが、受験学力だけで自分の位置が測られる学校生活は、他者だけでなく自己に対する認識を大きく規定するものです。端的にいって、自分が見えなくなりがちになるのではないでしょうか)。

やがて松田さんは就職活動をやめてしまい、ひきこもりがちになりました。それでも家族は彼を温かく見守っていましたが、松田さんの生活は、昼夜逆転。部屋のテレビで映画などを見るかゲームをするか寝ているかという暮らしになったようです。既に働いていた弟さんに小遣いをもらったり、弟さんの衣類などを借りるなどしていました。

この時期の生活の中で彼は、「俺の人生どこで狂ったんやろうか」「いい高校に行って、いい大学に行ったら、それで人生は安泰と違ったんか」ということばかり考えていたそうです。そして、二〇年後や三〇年後の自分の将来を想像すると、みじめな状態しか考えられないことが苦しく、怖く、ますます現実逃避の自堕落な生活にはまっていったと自己分析しておられます。人は誰しもそうですが、将来に絶望すれば何かをする意欲がなくなってしまいます。まして若い時期に将来に絶望するというのは、たいへんな苦しみでしょう。注意すべきだと思われるのは、松田さんが学齢期から社会に出るに至る時期にたどった経緯は決して特殊なものではなく、むしろごく一般的なものであったし、彼に固有の事情やきっかけはあったとしても、それは多くの人にも起こりうることだということです。

松田さんの場合、ご家族が優しく松田さんを見守り、彼もご家族とやり取りしていたことは救いでした。自営で印鑑販売をしていたお父さんは「チラシをつくってほしい」、近所の子に勉強を教えていたお母さんは「プリントをつくって」などと松田さんに頼み、それぞれ松田さんが作ると喜び、報酬も支払いました。松田さんは、「ゲーム以外のことができる喜び、作成すれば報酬をもらえる喜びなどはもちろんですが、『生きている』という実感を得ることができた」と、それについて記しています。

ある時、お兄さんから、看護師でオーストラリアに行く事情のできたその妻を、一人では不安とのことから、現地まで送っていってくれないかと頼まれました。松田さんは、日本でアルバイトの面接に行くより、オーストラリアに行く方がハードルは低いと感じたらしく快諾。義姉を現地に送り、別れて一人になったときに思ったそうです。オーストラリアでは、自分のことをひきこもりだと気づく人はいない。英語が話せないので、「話すのが下手」「滑舌が悪い」などと思う人もいない——それが彼にとっては非常に心地よく解放された気持ちになり、言葉の面で苦労はあったものの、所持金が底をつきるまで約四か月間の海外生活を楽しんだそうです。

帰国の際、関西国際空港に到着し土産屋に入って店員さんに「いらっしゃいませー」といわれた時、「ああ、言葉が通じるっていいなあ」とも感じたそうです。以前は他人と話すのを忌避していたのに、その店員さんと五分くらい世間話をしました。海外で自己を「解放」し、周りの目を気にすることなく行動できたことが土台となって、他者との関係性を取り戻すような変化が、彼の中に生まれたのかもしれません。

実際、それからの松田さんは、「何かしたい！」という気持ちがどんどん大きくなったそうです。高校時代の友人に会ったり、お父さんの事務所に行ったりするようになりました。そんなある日、お父さんから、「お前、塾やってみないか?」と言われました。お父さんは、自分が事務所として借りていたアパートの隣の部屋が空いたのを見て声をかけてみたのです。松田さんは、「迷うことなく『ありがとう。やってみる！』」と答えました。大変印象的な言葉です。

塾のオープンを告知するチラシは友人がポスティングを手伝ってくれ、机やイス、ホワイトボード、ソファなどの事務用品も、友人たちがプレゼントしてくれ、開業資金はお父さんが出してくれました（松田さんは「おそらく借金をしてくれたのでしょう」と書いています）。

幸い何人かが入塾してくれ、仕事としてスタート。松田さんは無我夢中で勉強しました。「働くことができている喜びが大きく、楽しくて仕方ありませんでした」と振り返っています。相変わらず滑舌が悪く吃音もありましたが、そういうことを気にせず、生徒たちとやりとりできるようになったといいます。「人と話すのが苦手」という長年のコンプレックスを克服できたのは、彼の中でたいへん大きな変化でした。

塾の仕事をしながら松田さんは、仕事にしんどいことや不安があっても、ひきこもっていた時期の苦しさに比べてみたら「今はどんなに幸せで恵まれているか」と振り返るそうです。「そうすると自然に勇気が湧いてきますし、自信をもって前に進むことができます」。子どもに勉強を教えるのは「その子一人ひとりと向き合っていく」ことだとも考えるようになりました。中にはつらい思いをしたり苦しんでいる子もいて、自分はその気持ちをわかってあげることはできないかもしれないが、「社会から離れた不安感」や将来への絶望感を経験した自分だからこそ、何かができるかもしれない、と意欲的に働いています。

2 当事者の苦しみを考え、ありのままの姿を受け容れる

〔1〕自分を守るためやむを得ずひきこもる

前節の三つの事例からもいろいろなことが読み取れますが、もちろん、ひきこもり当事者の現実はきわめて多様です。これらの事例はあくまで、この本の編者の視点から見て興味深い経験であるという意味でとりあげたものです。

「自分の知るひきこもり当事者は、これらの事例にあてはまらない」と思われる方も多いでしょう。当然です。おおさか教育相談研究所によると、ひきこもる人たちごとに、原因はもちろん、その傾向もまちまちですが、一般的な傾向として次のような不登校・登校拒否現象を紹介しています（NPO法人おおさか教育相談研究所「登校拒否を克服する道すじ」、二〇二〇年）。

◎学校（職場）へ行くことをしぶる。よく休むようになる。
◎微熱、頭痛、腹痛、動悸（どうき）など身体的症状を訴える。
◎いらだちが目立ち反抗的になる。時には暴力を振るうようになる。

◎昼夜逆転、自分の部屋に閉じこもって口をきかない。
◎手洗いや入浴に時間がかかる。
◎一日中テレビや漫画を見ている、スマホやパソコンでゲームをしている。
◎親に甘えたり、食事に注文をつける。

登校拒否・不登校・ひきこもりにおいて、その当事者は、初期段階には、学校（職場）に「行かなければという気持ちはあるが、行動にふみ切れない」のが特徴です。しかし、苦しくて逃げ出したい、ぎりぎりの状態まで我慢し、ある日突然「休む」状態になることも少なくありません。親や大人にとっては突然に「休み」始めたと思うかもしれませんが、本人からすると、長い間つらい状態を我慢してきたというケースが多いように思われます。

ひこもらなくてはならないほどの苦しみ

ひきこもるに至った原因やきっかけは、本当に様々だといっていいのですが、先に挙げた三事例について興味深く感じられるのは、当事者の周囲の人、特にその家族が、いろんな経緯はあっても、当事者の気持ちや状態を理解しようとしていることです。当事者の行動を批判・非難したりすることや、就学や就労を急(せ)かす態度を、最初は取ったとしても後に改めたり、そもそも最初からそうしていない事例であるということです。

ある日突然、自分の子どもが学校に行かなくなったりすれば親が心配するのは当然ですし、多くの場合、「何とかまた登校できるようにならないだろうか」と考え、いろいろなやり方で登校を促すのは自然なことです。上記の西村さんも石田さんも当初、そのような態度で当事者に接していました。その気持ちは筆者もよく理解できます。

ただ、不登校の場合、子どもが学校に行けなくなるということには、子どもなりの深い、あるいはとてもデリケートな理由があるのです。親には「学校に行くのは当然」という「常識」がありますし、親自身がそうやって学齢期を過ごしてきた経験もありますので、「学校に行かない」という選択肢は考えられないのが自然です。しかし、今の学校生活、そこでの子ども同士の人間関係などは、かつてのそれとは大きく異なっているのです。そこには、場合によっては、親の理解を超えた深刻な状況もありうるのではないでしょうか。

いじめなど目に見える問題がある場合はもちろん、それがなかったとしても、子どもたちをとりまく学校のありようは、ひと言でいえばかつてとは比べものにならないほど競争的になっており、子どもたちは、その競争の中で自分がどこにいるのかということを、勉強はもちろん、友人との交流の中でも、常に感じながら生きています。

似たようなことは以前もあったかもしれません。しかし、小学校に入る以前から、習い事やスクールに通ったり、私立中学の受験勉強に時間をとられたりという傾向は、明らかに以前よりも強まっています。

そういう中で、学校の勉強が得意かどうか、友だちと比べて成績がいいかどうかといったことが、そのまま、子どもの意識の中で、自分と他者の「優劣」を測る指標になってしまいがちになる傾向も、以前に比べて強まっているのではないでしょうか。「自分は友だちよりも劣った人間だ」と強く思わされたり、意識にそれが定着したりしたということになれば、日常生活や友達関係がつらくなってしまうでしょう。

思春期の子どもは、徐々に親から離れつつ、友だちとの世界を形作っていきます。子ども同士で、遊びも含め何かを共同で行い、他者に自分の考えや気持ちを伝えたりする――そんなことを通じて、社会生活のスキルを身につけていくのです。これは、一人では生きていけない生き物である人間にとって、発達上かけがえのない過程です。それはおとなになる上では避けられない過程で、だからこそ思春期の子どもは友だちを求め、子ども同士のグループをつくるわけですが、その時に、成績の悪い子はグループ内で下位の序列にあるとされてしまったら、思春期自体がその子にとってつらく厳しいものになってしまうのです。

また、そういう子どものグループで、いじめが起こることもあります。友だちを求めているのに、その友だちからいじめを受けることは、本人にとってたいへんつらいことでしょう。いじめ自体はもちろん、自身を守るために、友だちから自分を離さなければならない孤立感も、大人が想像する以上に本人を苦しめているでしょう。

こうした苦しさ、つらさが、本人にとって限界に達した時、学校に行けなくなる、友だちと会えなくなるということは起こりうるのです。苦しさ・つらさの原因ともいえる学校や他者から自身を守るために、やむを得ず家の外に出ないようにする――ひきこもりを、たとえばそのような状態だと理解するならば、親の考える「常識」や経験だけで子どもの行動を裁断することはできません。親は現代の子どもの世界を生きているわけではありませんから。

子どもの世界は、大人が簡単に把握できるほど単純なものではありませんし、子どもの苦しみがどこにあるのか、簡単にはわからないことがあるかもしれません。筆者は、そういう場合も含め、本来であれば成長するために、友だちを求め、学びを求める学齢期・思春期に、その子ども自身が、家にひきこもることを選択せざるを得ないということを重くとらえる必要があるのではないかと思っています。

一〇代後半にひきこもっていた、ある元当事者に、「恐怖と嫌悪を感じる学校や職場でパニックになりそうになったら、一瞬たりとも我慢することなく、その場から離れ、逃げるべきだと思う」と聞いたことがあります。彼は「逃げることも必要だ」と主張しましたが、当事者がそのような気持ちでひきこもっている場合が少なくないことは事実だと思います。その元当事者は、不安や絶望感に苛(さいな)まれ、疲れ切っている時に、親から登校を促されることは、さらに追いつめられることになるので、「やめてほしい」、できれば「本人のことは放っておいてほしい」とも語っていました。

当事者の選択を尊重・優先する

話を戻せば、ひきこもりをそのように理解するとすれば、子どもは、子どもの世界にあるつらさや苦しみから心身を守るためにひきこもるわけですので、親もその子を守る立場で行動できればいうことはありません。子どもの苦しみをすぐに理解できなかったとしても、子どもの選択を尊重し、共感・理解するための努力をするのです。

それが、当事者の「今ある姿をありのままに認める」ということです。事例に挙げた西村さんも石田さんも、ひきこもった息子を登校させようとしてわが子との長い押し問答を日々繰り返し、その結果、これ以上繰り返せば、親である自身もつぶれてしまうと考えて、「学校へ行かない」ということを「ありのままに認めた」、それ以外に選択肢がなかったという趣旨のことを語っていました。結果的には、それが事態を好転させたわけですが、そのように当事者の姿をありのままに認めることは、通常は簡単ではありません。そのため、そのような意識を持って親や周囲が努力する必要もあると思います。

事例の中で挙げた松田さんは、学齢期には通学できていましたが、卒業後にひきこもりました。彼の場合は、就職活動における失敗がそのきっかけですから、職業生活におけるストレスというよりも、むしろ学校生活の中でコンプレックスを克服できず、さらに就職活動のモチベーションも得ることができなかったことが背景にあったのではないかという趣旨のことをすでに述べました。それは、競争主義的な教育が、子どもの中に将来への展望を育むことを妨げた事例のようにも見えます。松田さんの場合は、ご家族が温かく見守りつつサポートし、本人の変化があって以降は、本人自身と周囲の力で職業生活をスタートさせ、生き生きと暮らしておられるわけですので、当事者への支援という観点からも大変に示唆的なケースだと思います。

ここまで学齢期の子どもの問題を考えてきましたが、大人になって以降にひきこもる人の場合も、強いつらさや苦しみから自身を守るためにひきこもる、という構図は似ているのではないかと思っています。現代の企業社会において競争はかつてなく激しいものになっていますし、それが、働く個人間においても、「成果主義」などの形で成績競争となって現れています。また二〇〇〇年前後に雇用形態の多様化が全面化されたことで、職場には正社員と非正規雇用の社員の分断――新たにつくられた制度による分断――が定着し、職場が一丸となって助け合いながら仕事をする気風は一般に薄れ、何より、会社の業績向上という名目で人件費を低く抑える傾向の中、労働者一人ひとりが大切にされないようになってきたといえるでしょう。さまざまなハラスメントや「ブラック企業」、あるいは過労死・過労自殺するまで働かせるような傾向は、こうした中でつくられてきたという面があるのではないでしょうか。

子どもにせよ大人にせよ、ひきこもるという現象をこのように理解するのであれば、「ひきこもっているか、外に出られるか」ということよりも、より大事な問題は「本人の苦しみは癒されているのかどうか」「本人が元気になれるかどうか」にあると考えられます。松田さんの事例を見るまでもなく、ひきこもることは、その行為自体によって当事者自身が「このままひきこもっていたのでは自分はダメになってしまうのではないか」と悩む、いわばもう一つの苦しみと一体の行為でもあります。それがわかっていてもひきこもらざるを得ないと考えられるわけですが、それだけに、どんな形であれ、当事者本人が元気になることを大切にすべきだと思うのです。

Ｐａｒｔ２で見るように、ひきこもりという自己認識を持ちながら、一定の社会生活を送っている人もいます。周囲の人は「あなたは本当にひきこもりなの？」とも思うわけですが、ある程度まで元気になったけれど自分はまだひきこもっているのだという人もいるわけです。また、仮にひきこもりが長く続いたり、外に出られなかったりしたとしても、本人がある程度元気になるということはあります。世間的な「常識」に合わせて当事者を変える、あるいは当事者を「鍛える」というのではなく、当事者本人の選択を優先し、その状態を第一に考えるということが大切だと考えます。

〔2〕なぜ子どもも大人もこんなに苦しくなったのか

それにしても、いったいなぜ、子どもも大人もこんなに傷つく世の中になってしまったのでしょうか。たとえば一九五〇～七〇年代に学齢期を送った親の世代と、一九八〇年代以降に学齢期を送ったひきこもる人々の世代との間にはどのような差異があるのでしょうか。

もとより、こうした問題の探究は本書の役割を超えています。またひきこもる原因は百人百様ですので、過剰に一般化することは控えるべきです。しかし、大きな状況としての「生きづらさ」が、この国を覆うようになっていて、その中で個々のケースごと、その人に固有のきっかけやいきさつの中から、ひきこもる人が増えてきていると理解せざるを得ないのだと、状況を把握することが、当事者を理解するためには近道であるとも思いますので、少しだけこの問題を考えておきたいと思います。

文科省の調査（二〇二〇年一〇月「問題行動・不登校」調査）によると、二〇一九年度の登校拒否・不登校人数は、少子化にもかかわらず、小・中学生合わせて一八万人を越え、過去最高となっています。しかし、この数は「連続して三〇日以上欠席した」数です。別室・保健室登校（「隠れ不登校」などといわれています）の数は含まれていません。二〇一九年のＮＨＫの「隠れ不登校」調査（中学生のみ）によれば、推計約七四万人です。

筆者の現場感覚からすれば、中学生では文科省発表の三倍、小中合わせて約六〇万人を超える登校拒否・不登校生がいるだろうと思っていました。ＮＨＫ調査は、それを大幅に上回っている数字となり驚いています。楽しく学ぶ喜びがあってこそ、学校は子どもにとって意味がありますが、そうなっていないのが現状なのです。

私は、一九六六年に大学卒業後、小学校教員として就職し、退職後は、小学校教員時代の経験も踏まえ、大学で、「生きづらさ」の背景について考えてきました。

第二次世界大戦の前と後で、日本の社会も、日本人のくらしや人生も、大きく変わりました。敗戦後、「すべて国民は、個人として尊重される。生命、自由、および幸福追求に対する国民の権利については、公共の福祉に反しない限り、立法その他の国政の上で、最大の尊重を必要とする」とした日本国憲法が制定されました。国民が、自由に物事を考え、行動する権利が保障され、また、人間らしい暮らしをする権利が保障されました。基本的人権と呼ばれます。

しかし、その後七十数年を過ぎてみると、結果的に、国民の幸福追求権、基本的人権が憲法の定めの通りに保障されてきたとはいえないのが、残念ながら現実です。先ほど、正規雇用・非正規雇用という制度による職場の分断という問題にふれましたが、たとえばコロナ禍のもとで、正規雇用で働く人は雇用・賃金が保障されるのに、非正規雇用で働く人は雇い止めに遭ったり給与が出なかったりするという事態が多発しています（もちろん、正規雇用の労働者の場合も長時間・過密労働などの問題があり、「正規は非正規よりマシ」と単純にいえないことも事実ですが、ここではその問題は措いておきます）。

雇い止め、つまり雇用契約を更新しないということは、働く側からすれば、勤労の権利（憲法第二七条）の侵害にあたりますが、それを合法化するような「法改正」（派遣労働の自由化）が一九九〇年代末から数年間のうちに行われた結果、このような事態を招いたのです。

詳しい解説は他の文献に譲りたいと思いますが、この法改正が、財界からの要求を当時の与党などが受け入れた結果として行われたことは周知の事実です。経済競争が厳しくなる中で、利潤を追求するには人件費を抑える必要があり、一部のエリートを厚遇する一方で、そのほかの労働者を給与の面でも雇用保障の面でも悪条件で働かせることができるようにする法改正でした（日本経営者団体連盟『新時代の「日本的経営」』一九九五年など参照）。

それは憲法の定めに反する恐れがあるとして改正に反対した政党もありましたし、国会の外で多くの労働者、市民も反対しましたが、議会の多数派はそれを容認したのです。原則としての憲法の規定は今も生きていますが、個々の問題で、その規定とは逆の方向で制度が変えられてしまうことは、たとえばこのように起こり得ますし、そこには、この日本という国をつくっているいろいろな勢力の思惑が影響するのです。

最高法規であり権力を縛るものであるはずの憲法よりも、別の思惑が優先されるということは、本来あってはならないことです。一つの例として正規・非正規という雇用制度の問題をとりあげましたが、働き方は人間の生活・人生に大変大きな影響を与えますから、雇用・労働問題は、生きづらさに大きな関わりがあります。雇用制度をめぐっては、経済界や政府与党などの責任は大きいと考えます。

こうした制度の影響によって誰かが傷ついてしまうということが、現実に起きているのです。制度によるものですから、少なからぬ人々がその影響を受けているのではないでしょうか。しかしそうした観点を持たないと、制度の問題として気づかれることなく、個人の問題とされてしまう場合もあるでしょう。もちろん、すべてを制度のせいにするつもりはありません。しかし、考えねばならないことだと思います。

もう一つ例を挙げましょう。これは、たとえば一九六〇〜八〇年代に学齢期を送った人と、一九八〇〜二〇一〇年代に学齢期を送った人の違いにも関わるかもしれない事例です。

筆者は、一九六六年に教職に就きました。就職したころは、子どもたちと泥まみれになるほどよく遊びました。勉強が楽しくなるような授業の工夫もしました。教科書だけでは子どもは興味を示さなかったからです。どの教師もそれぞれの得手で楽しい授業を工夫できる時代でした（これは教師の裁量をめぐる筆者の実感です。ただ、もちろんこの時代も、教師の勤務評定問題や学力テストなど文部省による教育への介入はありました）。

それが、七〇年代後半、教科書で教える内容が急増するに至りました。学習指導要領が改訂されたからです。その結果、小学校六年生で六割が「落ちこぼれ」るという事態が広がってしまいました。子どもの発達のスピードを無視した詰め込み主義の教育です。本来なら国が口出ししてはいけない教育内容にまで口出しし、教師の努力や工夫にもかかわらず、学校の勉強が多くの子どもにとって、わからない・面白くないものになっていきました。一部の学校や生徒の中には、学校が面白くないと「暴れ」はじめる子どもが出始めてきました。

しかし少なくない学校が、こうした学校の「荒れ」に対し、校則などの管理を強める形で対応しました。そんな中、子どもたちのストレスが「いじめ」となって現れていると指摘されたり、あるいは、学校やいじめに関わって子どもが自殺してしまうなどいたましいできごとが起きたりもしました。子どもたちの本当の気持ちを聞き、勉強の面白さを伝えようと努力する教師もいたものの、日本の教育界も文部行政（当時）も、全体としては、管理主義的な対応でよしとしてきたといわねばなりません。いろんな事情を抱えた子どもが集まる学級で、一クラス四〇人もの生徒を一人の教師が担当しなければならない状態が約四〇年続いてきたことは、政府や教育行政が子どもたちにきめ細かい支援・教育をする必要はないと考えてきたことの表れといってもいいでしょう。

詰め込み主義的な教育は、その結果としての「学力」を子どもたちが競い合う受験競争とセットになっていました。今日では幼稚園や小学校の「受験」も競われていますが、七〇年代にすでに大学受験戦争という言葉が生まれ、とくに九〇年代以降に激しさを増していったことは多くの識者が指摘しているところです。また、二〇〇七年から日本政府が、「全国学力テスト」という悉皆(しっかい)調査を開始したことで、競争主義に拍車がかかったという問題もあります（ちなみに、日本の全国一斉学力テストは全国の学校を序列化することに結びついていますが、北欧の学力テストは、学びについていけない子どもがいることを念頭に、教育内容、教育方法、学級定員などを見直し、誰もが喜んで学べる学校にするための資料収集を目的としている点で、大きな違いがあるように思います）。

国連の子どもの権利委員会から日本政府に対し、「高度に競争主義的」な学校環境が、いじめ、精神的障害、不登校・登校拒否、中退および自殺に関わっていると懸念する「是正」勧告がなされています（最初は一九九八年。その後たびたび同じ趣旨で是正勧告）。この勧告は、日本も批准した子どもの権利条約はもちろん、日本国憲法にも合致する内容ですが、政府は一向に、この勧告に沿った政策見直しを行ってきませんでした。

このように学校現場で競争が激しくなっていった八〇～九〇年代、校内暴力やいじめ、学級崩壊が問題になりました。そこに関連があるというのは、学校現場で生きてきた筆者の実感です。

やや細かい話にふみこみましたが、子どもたちにとっても「生きづらい」状況が、この四〇年ほどの間に深刻化してきたのです。その背景に、長年の教育政策や、本来なら必要だった政策の不作為があるのではないでしょうか。そして、本書のテーマとの関係でいえば、この約四〇年間、不登校の生徒、ひきこもる子どもが増えてきたことも、上記のような経緯に関連していると思われるのです。

　紙幅の関係で、以上のような事例だけにしておきますが、生きづらさの背景には、こうした、いわば構造ともいうべき問題があると筆者は考えます。そしてそうだとすれば、その構造を変えないことには、生きづらさを抱える人がいなくなるということもないでしょう。もちろん、そうした構造があるからといって、誰もが生きづらくなってしまうといいたいわけではありません。個々人ごとに異なる固有の状況――家族関係、人間関係や資産、生育環境などを含めて――によって、構造の現れ方は様々です。しかし、こうした構造があるとすれば、生きづらさ、ひきこもり、不登校といった問題が、誰に起きても不思議ではないということもいえるでしょう。

　ひきこもりや不登校といった問題が起きた時に、それを、本人の気の持ちようや意欲・やる気などといった当事者自身の問題に帰着させてしまってはならないと考える理由もこの点にあります。この国の職場や学校には、労働者や子どもたちがそこで生き生きとすごせない構造的背景があり、それは残念ながら、社会や政治の歪（ゆが）みといった問題と関わっていると思います。本書の主題ではありませんが、この点は私たちが主権者として考えていかなければならない問題だとも感じます。

〔3〕当事者、家族が孤立しないために

ひきこもる人やその家族を長年にわたって支援してきた本書の筆者たちは、「悩みをひとりで抱え込まないでSOSを出しましょう」と呼びかけてきました。

「相談したいのだけれど、どこに相談すればよいかわからない」人もいると思います。同じような状況にある人々が、つながって悩みを共有したり情報交換したりするために、たとえば不登校・登校拒否問題であれば、各県各地域で「不登校・登校拒否を克服する親の会」など様々な名称で交流会が持たれています。

1でふれた西村さんや石田さんは、堺市の堺区と南区それぞれの場所で「親の会」のメンバーの中心的な役割を担って活躍しています。西村さんが所属している「登校拒否を克服する会泉北ニュータウン交流会」は設立から二〇年以上続いています。西村さん自身が組織の立ち上げから今日まで関わってきました。次のように語ります。

「子どもがひきこもった時、どこに相談すればいいかもわからなかった。登校拒否・不登校という言葉が一般化されていなかった時代です。一枚の新聞の記事を頼りに、大阪の『親の会』の集会に参加しました。しかし、そこは二か月に一回の集まりで、日々『息子がどうなるだろうか』と気が気でなかった私は、次回の集まりを待てませんでした。そこで、親の不安解消のために地元で

『親の会』をつくろうと思ったのです」。そうすれば、毎月、「話が聞け・聞いてもらえると思った」のでつくったというのです。

一方、石田さんが所属している「堺不登校・登校拒否親の会」は、元教員が中心になって開いていた教育相談（ふた月に一回開催）の延長線上に生まれたものでした。石田さんは、息子さんが不登校になって以降、あらゆるところへ藁にもすがる思いで相談に出かけました。最初は友だち、親戚や実家の母に相談、医療機関も訪ねました。日々つらい気持ちが募り、誰かに話を聞いてもらうことで、自身の心の安定を求めていたようです。その時に、知り合いに誘われたのがきっかけで「堺不登校・登校拒否親の会」に参加するようになったそうです。当時、問題の渦中にいた親たちの子ども（当事者）はそれぞれ巣立っていき、今ではその親たちが相談を受ける側になって、ひきこもり真っ只中の苦悩する親たちの役に立ちたいと「親の会」を続けています。やはり二〇年以上、世代は変わっても親たちの相談が途絶えることなく継続しています。石田さんも、「先輩」のリタイアの後を引き受け、世話役の一人として活躍しています。

西村さんや石田さんの場合、当事者だった息子さんたちは、すでに元気になっていますが、「親の会」に参加し、「親のつらさを共有し、困っている人の悩みを中心に聞いている」のです。二人とも、他の人の抱えている状況を聞くと、自分の子どもの状態が特別なケースではないことを理解でき、さまざまな気づきがあると語っています。

当事者や元当事者の親たちが主体的に運営に関わりながら、困っている人に親身になって接し、長く活動し続けていることは、なかなかできることではありません。悩みを抱えた親たちは「親の会」に参加した当初は、例外なく、涙ながらに苦しみを訴えるといいます。先輩の経験者たちは、そうした親たちに苦しみをすべて吐き出してもらうまで十分聞き続けます。そして、交流会が終わる時には、悩みを抱えた親たちは間違いなく表情が明るくなって、次回の「親の会」にも参加してくると、二人とも口を揃えます。

今、インターネットなどの発達で、「ひきこもり」や「不登校・登校拒否」と検索すれば、いろいろな情報が得られます。筆者の一番のおすすめは、身近にある「親の会」を探して、参加することです。しかし一方、気をつけなければならないことは、「藁にもすがる思い」の親の気持ちにつけこむ「業者」もいることです。

西村さんや石田さんのような自主的な「親の会」などとは全く異なる、「引き出し屋」「連れ出し屋」のような「業者」が存在します。彼らは「期限を切って、お任せください。お子様を必ず家から出られるようにします」などとして、数百万円にもおよぶ高額な契約金を請求し、当事者を「連れ出す」のですが、多くの場合、暴力的な、あるいはだますようなやり方で無理やり行われます。しかも多くの場合、家族でさえ、ひきこもり当事者がどこに連れていかれたかわからず、面会することもできません。連れ出された先の施設から、当事者が「脱走」した例もあります。当事者がPTSD（心的外傷後ストレス障害）に苦しむようになるケースもありますし、「連れ出す」途中で事故が起こり、当事者が命を落とすという悲惨な出来事も起きています。

「引き出し屋」による人権侵害のいくつかは裁判で現在、係争中です。「わが子をなんとかしてほしい」という親の焦る気持ちにつけこんだ悪質な業者が少なくありませんので、充分注意が必要です。

〔4〕「当事者が元気になる」ことが孤立防止の近道

すでに述べたことから理解していただけると思いますが、この本の編者は、当事者を「ひきこもりから救い出す」という考え方には立っていません。大事なのは「今ある姿をありのままに認める」ことであり、それはひきこもる人とは「人間としての願い」を持つ存在であるということを正面に据えた積極的な対応であると確信しています。

〝どうすれば本人が、よりくつろぐことができて最終的には元気になれるか〟、〝本人に対しては性急に変化を求めない〟、〝ひきこもっていてもこの状況は本人のかなりの努力によって維持されている。その積極的意味を評価する〟といった観点で当事者に接することが大事だということを、この問題に詳しい精神科医も指摘しています（斎藤環著『ひきこもりはなぜ「治る」のか?』二〇一二年、筑摩書房。同書第六章「ひきこもりの個人精神療法」など）。

また、ひきこもり当事者の診断経験を持つ心療内科医は、〝本人が安心・安全な生活を続けることで、いつの間にか嫌悪刺激（当事者に「つらい」気持ちを呼び起こす、外部からの刺激。たとえば

「登校」や「就労」の働きかけなど）に出合ってもつらくならなくなる〟、〝親は年長の若者が自分から仕事を探そうとするまで、徹底的に家の中で引きこもらせて、好きなことをさせて楽しませるのがよい〟という趣旨の指摘をしています（赤沼侃史著『子ども論』二〇一三年、風詠社）。

こうしたあり方は、苦しむ当事者を不必要に追いつめ、さらに苦しめることなく、家族の信頼関係の上に子どもたちの生き方を認めるということですし、そういう関係性があってこそ、家族としての支援が可能になるのではないでしょうか。

すでに見てきたような、「学校には行くものだ」「青年期になれば就労するものだ」という世間の「常識」は、世間の多くの人の意識に存在します。それが、いわゆる「同調圧力」となって、苦しむ当事者を圧迫しており、当事者はそれから逃れるためにひきこもっているのです。

家族や身近な友人などが、当事者の「今ある姿をありのままに認める」ことから出発すれば、そのこと自体が、当事者の元気の源となるはずです。周囲の人々がなすべきは、当事者にとって安心でき、周りに気を遣う必要のない環境を整え、当事者に好きなことをさせること、その様子を見守り、些細なことでも当事者とコミュニケーションをとる努力をすること、当事者が自発的に表明する、その願いや意欲を注意深く観察し対応することです。元気の回復は、当事者自身の中にあるエネルギーによって起こります。

他者と関わる何らかの活動に当事者が参加する際の基本は、「嫌なことはしない。好きなことだけする」ことです。すべては当事者やそのグループの選択に任せることです。支援者は一緒に活動し、必要なサポートをしますが、あくまで主体は当事者です。活動の結果、周りから、共感、感謝などのポジティブな反応が得られれば、当事者たちにとってもさらなる意欲がわき、また元気になっていくでしょう。

元気が回復しさえすれば、次への発展につながります。当事者本人が、現状に満足せず、あらたな飛躍と挑戦のエネルギーを持つからです。人間とはそういうものですから。

ひきこもった当事者が孤立しないために、周囲はどんなことができるのでしょう。当事者は、心に受けた傷の深さによって、自分の部屋にしか居場所のない人、部分的になら家族と接することのできる人、でも家から出ることのできない人、家からは出られるが行ける場所は本屋やコンビニなど特別なところに限定されている人……などと様々で、それによって対応も様々です。

具体的なことはケースバイケースといわざるをえませんが、どんな場合も大事なのは、多くの当事者が、自分らしく生きたい、人間らしい生活がしたいと、〝人生をかけてひきこもった〟価値ある行為として考えたいと思います。それは何より当事者を深く理解しその選択を尊重することにつながるでしょう。そう考えることで、家族や周囲の対応も一貫したものになるでしょう。

それはまた、人間らしく多様性が大事にされる社会とはどんな社会なのかを考えることにもつながります。それを通して、当事者の幸せな人生や、家族の新たな関係づくりなどを考えることができるでしょう。あるいは、無業者となっている若者と「生きづらさ」を共有するために必要なものは何かが見えてくるようにも思われます。

今の学校や社会についていけないとして〝人生をかけてひきこもった〟当事者と共に、学校や働くことについて考えてみてはどうでしょうか。新しい視界が開けるかもしれません。それは、私たちの持つ「常識」を考え直すことにもつながり、それが当事者の元気の源につながるということもあるでしょう。「働かざる者、食うべからず」という言葉がありますが、ノルウェーには「休まざる者、働くべからず」という趣旨の格言もあるそうです。変化する社会の中で、さまざまなできごとを通し、物事への見方を柔軟に見直していくことは決して意味のないことではありません。

なお、ひきこもっていた人の就学・就労の問題については、その当事者・元当事者の状況や希望に応じてよく考えるべきでしょう。就学・就労を考えるにしても、本人が元気になる、そして安心して外に出て、他者と接することができるかどうかという問題を基本に、慎重に検討・支援することが大切です。

就労をめぐって、ある元当事者が「ひきこもり支援に関わる方にお願いしたいこと」として、ひきこもり当事者は、「たとえ働けたとしても『ワーキングプアなんだ』という認識を持った上で対応してほしい」と、注文しています。「仕事につきさえすれば将来は安泰だ」と見なしたり、あくまで人生の通過点に過ぎない就労を「ゴール」と考えてしまったりするなど、状況を見誤ってもらっては困る、という指摘です。

コラム　自己責任論から解放されるために

子どもや若者たちは、受験競争からの振り落とし、いじめ被害、不登校、高校中退など、教育から排除されていくプロセスで自己否定感情を深めていきます。うまくいかないのは自分が悪いから仕方ないと受け止め、自己責任論に反論できず、ますます自己否定感情を高め、助けを求めることもできず、立ちすくみ、沈黙し、ひきこもっていきます。

長期化するひきこもりの中でますます深まる自己責任感情が社会に向かうエネルギーを奪っています。自己責任論から解き放たれるためには「助けて」と言える共感的な人々に出会える場が必要です。居場所の仲間たちとの相互承認関係を通して自分の有用感や、社会への関心を回復していくことです。

「自立」とは一人ではしのげそうもないとき「助けて」と声をあげることができる力です。助けを求めることができる適切な人や仕組みを探して頼ることができる能力です。孤立して自閉している限り、助けを求める相手も見えないし、社会に自分の場所をつくりだしていくこともできないでしょう。

社会への関心をさらに社会参加へのエネルギーにつなげていくためには、若者のやり直しを支える社会的な保障が必要です。学び直しのための学費援助や、住居費補助など、社会権保障によって若者を支える必要があります。それは若者のひきこもりが、たんなる個人の責任に押し付けられるものでないという社会的合意であり、社会から若者へのメッセージでもあるのです。

経済格差が広がり分断と孤立に苦しむ時代の中で、とりわけその困難を若者は背負い込みひきこもっているのです。その心の痛みやどうしようもない先の見えない不安に対し、どれだけ社会が共感して優しくなれるかが問われています。若者たちの時代への異議申し立てに対して、一人ひとりが自分の問題としてどう受けとめていくのか。ひきこもりは個人の問題ではなく、社会に突きつけられている時代の問題なのだということを、正面から受けとめることができるかが問われているのではないでしょうか。

佐藤洋作（ＮＰＯ法人文化学習協同ネットワーク主宰）

3 「八〇五〇問題」

二〇一九年に内閣府が発表した調査では、自宅に半年以上ひきこもっている四〇〜六四歳の人は全国に推計で六一万三〇〇〇人とされています。一五〜三九歳のひきこもり当事者が推計五四万一〇〇〇人といわれますから、それを上回って中高年の当事者が存在しているということになります。これは世間に衝撃を与えました。

この調査結果と関連して、二〇二〇年前後に報道され始めた「親子共倒れの悲劇」、いわゆる「八〇五〇問題」があります。八〇歳前後の親と同居する五〇歳前後の子どもが、定職につけないまま無業者としてひきこもり、親の年金収入を生活の糧（かて）として暮らすといった家族像をめぐる問題群が、こう呼ばれています。子どもは学齢期の頃からひきこもっているケースもあれば、成人後にひきこもった場合もありますが、「長期高齢化」といわれるように、一〇年以上ひきこもっている人も少なくありません。

〔1〕「親子共倒れ」のリスクにどう対応するか

八〇五〇問題をめぐって、最も大きな解決すべき課題は、当事者と家族が一緒に孤立してしまっているという問題です。当事者はひきこもり、その親は高齢になり、共に社会生活から遠ざかって、周りに助けを求めにくいという状況に結びついているといえます。

主な収入が親の年金だけであれば、経済的なことも深刻な問題になります。高齢となった親が病気を抱え医療費負担がかさんだり、介護サービスを利用したりすれば、日常生活を親子で送るための生活費にしわ寄せがいくのは当然です。親だけでなく当事者も、年齢を重ねたことで病気になる場合はあるでしょう。親が、ひきこもる子どもにお金を残さなくてはと、必要な自らの介護を断ったり、投資に手を出して貯金を失ってしまったりというような痛ましいできごとも起きています。

こうした状態にある家族が、自分たちだけで、親亡き後の当事者の生活条件を確保することは非常に難しいといえるでしょう。家族のなかには、「親が（当事者を）甘やかしている」「厳しく対応しなければ自立できない」などという心ない言葉に傷ついてきた人もいるかもしれません。当事者も、苦しみから逃れるためひきこもることを選択したけれども、それによって社会から孤立してしまうという困難に直面するのです。それを放置すれば、「親子共倒れ」で多くの命が失われることにもつながるわけですから、生存権を保障する立場から一刻も早い対応が必要です。

「日本の常識、世界の非常識」などといわれますが、日本の枠組みから考えていますと、出口が見えません。本書のＰａｒｔ３に、外国の方にひきこもり問題で意識調査をした結果をまとめた論考がありますが、世界的視野でさまざまな文化交流や比較をすることが八〇五〇問題解決のために視点を与えてくれるかもしれません。

「親亡き後のこと」は他人ごとではない

八〇五〇問題を抱える家庭の場合、親が亡くなれば年金収入がなくなり、残された子どもはその日から生活に困る事態になります。二〇一八年一月、北海道札幌市のアパートの一室で、当時八二歳の母親とひきこもる五二歳の娘の親子の遺体が発見されたと報じられたことがありました（北海道新聞二〇一八年三月五日付）。「死因は二人ともそれぞれ飢えと寒さによる衰弱死だった。母親は一二月中ごろに死亡、娘は通報することなく遺体と同居、その後、年末に息を引き取ったらしい。冷蔵庫は『空』で、室内には現金九万円が残されていた」との報道でした。

その娘は学校卒業後、就職したものの、職場の人間関係に悩み退職しひきこもり状態になったといわれ、その後は、福祉の支援を受けることなく、家族が孤立し、親子共倒れによる死亡に至ったのではないかとされています。母親は生前、「娘は障害があるわけではない」と否定し隠す傾向があり、娘は母の死後、誰にも「助け」を求めなかったと見られています。

こうした悲劇は、多くの人に「他人ごとではない」という不安や心配を投げかけています。ひきこもりの「長期高齢化」という問題は、ひきこもり問題に対する、実情を踏まえた実効ある支援を社会的に取り組む必要を示しています。政府調査でさえ、ひきこもる人が一〇〇万人を超えている（推計値）わけですから、個人レベルの特殊な問題として、従来型の対応で推移していいものではないでしょう。より踏み込んだ実態調査と、本書が主張するような内容も含め、ひきこもり当事者への対応をどうすべきなのか、国や行政が真剣に検討すべき問題です。

ひきこもり当事者の大多数が対象とならない制度

二〇一五年から施行されている「生活困窮者自立支援法」（以下、「自立支援法」と略称）という法律ができました。健康で文化的な最低限度の生活を維持することができなくなるおそれがある人に包括的な支援を行う制度とされています。

しかし、この法律は、ひきこもり当事者を支援対象とする趣旨のものではなく、無業者である若者を支援するものです。したがって、ひきこもる当事者の中にも「自立支援法」の対象となる人はいるかもしれませんが、ごく限られると思います。つまり、無業者の若者が就労して自立することをゴールにしているため、残念ながら、すぐに就労することを目標にできないひきこもり当事者の支援には使えない法律なのです。

すでに述べてきたことからおわかりいただけると思いますが、当事者が就労の意欲を持てるかどうかは簡単な問題ではありません。学校や職場で耐えがたい苦しみを味わった結果、少なくともそこから逃れなければ人間らしく生きられないと考えてひきこもるわけです。二〇一五年の内閣府調査によりますと、ひきこもったきっかけで最も多いものが「退職」、次が「人間関係」、次が「病気」でした。職場の労働条件の悪さやそこでの人間関係に馴染めない、あるいはメンタルヘルスに不調をきたすといった形で、職場から離脱しひきこもった人たちが少なくありません。こうした当事者たちは、就労していない不安を感じてはいますが、だからといってすぐに再就職を望み行動するほど元気が出ないというのが大多数の状況でしょう。就労支援はハードルが高すぎるのです。筆者の知るひきこもる当事者のほとんども、この法律の対象「外」と思われます。

就労支援の内容にも課題があります。「地域若者サポートステーション」や福祉事務所などの相談窓口で、当事者が不安を口にすると「そのようなわがままを言っていたら仕事につけないよ」と、当事者に我慢を強い、無理やり就労させようとするケースが報告されています。生存権を含む人権保障や当事者の持つニーズの多様性を認め、画一的な対応にならないようにさせなくてはなりません。窓口の相談員の当事者理解の研修や当事者のニーズにあった伴走型のサポートになるよう相談員への働きかけと改善が求められています。

生存権保障のためにどうするか

就労するだけの元気が出ないという状態にあるとすれば、「健康で文化的な最低限度の生活を営む権利」（憲法第二五条）を保障するための制度、生活保護を利用するということが考えられるでしょう。高齢の親を抱えた当事者、あるいはそうした親を亡くした当事者においても、当面は、「生活保護」の活用を積極的に進めていくことが適切だと思います。

生活保護は、生活に困窮する人に、健康で文化的な最低限度の生活を保障する趣旨で、「最低生活費」が確保できるよう保護費を支給するものです。国民の権利ですから必要な人は大いに利用すべきなのですが、日本の場合、さまざまな理由で生活保護を利用することを避ける傾向もあります。

生活保護を受給することを「恥辱」と考える傾向は以前からありましたが、それがここ四半世紀ほどの「自己責任」論の蔓延(まんえん)の中で強まっていると思われます。また、福祉事務所に生活保護を申請に行くと、「家族に頼れないのか」「仕事は選ばなければあるのだから働きなさい」「借金があると受給できない」「住民票のある自治体でないと受け付けられない」などと窓口の相談係から言われ、結果的に追い返されるということが、しばしば起こります。

こうした対応はいずれも違法で、福祉事務所は、生活保護を申請されれば必ず受理する義務があります。厚生労働省でさえ、「保護の申請権を侵害しないことはもとより、侵害していると疑われるような行為も厳に慎むべき」とする通知を自治体宛てに出しているところです。

生活保護の件数を抑える、こうした嫌がらせともいえるような窓口の対応は「水際作戦」と呼ばれています（申請を受けつけない＝水際で拒否するという意味でこう呼ばれているようです）。公的機関の窓口でこんなことが横行しているのが、福祉の現場の実態です。

こうした事情で、本来なら生活保護を必要とされる人のうち、実際に受給できている人の割合

（捕捉率）は「厚労省の推計でも、研究者の推計でも所得だけで判定すると一〜二割、資産を考慮しても二〜三割にとどまり、残りの七〜八割は、とても貧しい生活水準に置かれているわけです」（しんぶん赤旗二〇一八年六月八日付）。諸外国と比べても日本の捕捉率は極端に低くなっています。

生活保護の申請は福祉事務所の窓口で行いますが、その際、「水際作戦」に遭わないようにするため、申請に支援者や法律家、地方議員などが同行し、違法な「水際作戦」には抗議しやめさせることが大切です。そういったことを含め、可能な場合は当事者が、生活保護申請について支援者と相談しながら進めることができるように、あらかじめ準備しておく必要もあるでしょう。

またこの間、安倍政権のときに二回、政府は生活扶助を引き下げる改悪を行っています。生活保護予算を減らしているということです。捕捉率を引き上げることは国民の生存権を守る上で不可欠ですし、併せて、引き下げられた生活扶助費を増額するなど、生活保護予算も充実させることが必要です。

〔2〕実効ある公的支援の必要と家族の対応

菅野久美子著『孤独死大国』（双葉社、二〇一七年）は、独りで亡くなり、長期間誰にも発見されることのない孤独死について、予備軍は一〇〇〇万人いると書かれています。八〇五〇問題と重なる問題でもあります。

筆者の近所にも一人暮らしの老人が多いのですが、数年前、連続して一人暮らしの方が亡くなるというできごとがありました。正月三日、葬儀屋の車が止まっていたのを通りすがりで見かけたのが最初で、その後、続いて二名の独居の方が亡くなりました。そのできごとがあって以来、筆者は、近所の一人暮らしの方の電話番号を携帯電話に登録するようにしています。最近姿が見えないなと思った時には、安否確認のつもりで連絡をとります。全く個人的で、筆者自身の気休めに過ぎませんが、意外に喜んでもらっています。

また、筆者の近所に母子で二人暮らしの家庭がありますが、一軒家で暮らしながら、お母さんによれば、二人の関係は断絶に近い状態のようです。もうすぐ八〇五〇問題の対象年齢になる世帯なのですが、最近まで、娘さんがひきこもっていることを筆者は知りませんでした。母親とは近所であいさつをする程度でしたが、娘が「死にたい　死にたい」と言っていると聞きました。その後、筆者の所属する「親の会」のメンバーに相談に加わってもらいました。近くの「心の健康センター」（市民のこころの健康の増進、こころに病がある方の社会復帰など、福祉の促進を目的とした自治体の施設）とも連絡をとり、職員の方が複数、家庭訪問にも来てくれました。その後、自殺未遂を起こさずに、二年余の年月が経過しています。

ひきこもり当事者の自殺に関わる問題は本書Ｐａｒｔ３の２で論じています。状況によっては、医師による診断や治療を含め、支援者が慎重に対応する必要がある問題でもあります。

このような、住民同士の関係の中から、地域社会で八〇五〇問題にとりくむことは必要です。と同時に、ひきこもり当事者の人数は、人口の一パーセント以上と推定されており、八〇五〇問題を考えるうえでも、公的な支援制度はどうしても必要です。

この本の共著者である藤本氏は、ひきこもり当事者の人々への基本的対応として、「ゆっくりひきこもりつつ、スポーツ、文化を楽しみ、就労していい」日本社会を展望しながら、国が財政的支援の責務を持つ法律を作るよう目指す運動を提案しています（『日本の科学者』二〇二〇年一一月号）。

本書でも紹介するように、当事者が発信するさまざまな居場所づくりの活動が各地でひろがっていますし、「親の会」などをはじめ、当事者を支援する輪や研究活動もひろがっています。こうしたとりくみの中で得られてきた知見や成果もふまえつつ、実効ある公的支援制度の確立に、何よりも国がしっかり取り組む必要があると考えます。

「元気になる」活動を身近なところから

ある「親の会」で筆者が支援のとりくみの中から感じたことを話したところ、参加者の一人から、ひきこもり支援の最終目的が、「当事者の就労ではなく、元気になること」である点、「ひきこもりも一つの〝生き方〟だ」という点を聞けて良かったと言われました。ひきこもるわが子のことを十分理解してきたと自負していたが、どこかで無意識のうちに、「就労してほしい」と、わが子を「変える対象」として考えていたことに気づいたと話していました。この方のように、時折、「親の常識」が顔をだすことは、誰しもあることです。すでに述べてきたことですが、「ひきこもりも一つの〝生き方〟だ」という考え方の奥には、ひきこもることを否定的に捉えず、当事者が「元気になる」ことを重視する考え方があります。親にとって、最初は受け入れにくい考え方かもしれませんが、すでに述べたように、親の当事者への理解が、状況の改善には大きな役割を果たすことは実証されています。この点について、より具体的にどう対応するか、当事者の親の経験談を二つ紹介して、本章を締めくくることにしたいと思います。

まずは、筆者の友人である川本太郎氏（八六歳）の場合です。二四時間ひきこもる息子さんと一〇年余にわたって向き合い、関係を改善してきました。その経験から次のように述べています。

①まずは親も当事者も「健康で生きる」ことを大切に。ひきこもりが長期化すると生活リズムが崩れるので、通院を含め、高血圧、糖尿病など内科的な病気にしっかり対応する。

②当事者がパニックになるなど、家庭内暴力・自殺の心配がある時は、ひきこもりへの理解がある精神科医の支援が必要。

③親はできるだけ当人の話を聞く。一日二～三時間、できるだけ素直に聞く。

④冒頭に挙げた西村さんの事例のように、家事などの手伝いを依頼する。感謝の「ありがとう」を繰り返し言う。

⑤朝の挨拶など「おはよう」「お休み」「ごちそうさま」の声掛けも大切にする。

⑥本人の「出番」を作る。たとえば、親が体調を崩した時には、病院の付き添いなどを依頼する。

⑦テレビゲームなども、本人がいやがらないかぎり共に楽しむ。

もう一人、筆者の知人の七二歳男性の場合です。息子さんが中学二年生、娘さんが高校一年生の時に共にひきこもり、息子さんの家庭内暴力がエスカレートするなど、苦しんだ経験を持っています。

今では息子さんも就労、結婚し、娘さんも結婚。二人は何でも父親に相談する間柄になっていますが、ひきこもっていた当時は先が見えない苦しさがありました。この方は、①一にも二にも子どもたちを信用する。②親として決して指示をしない。③子どもが話しかけてきたらきっちりと聞き、意見は言わない。④親の意見を言うときは、子どもが意見を求めた時だけにする——という対応に徹してきたそうです。家庭内暴力は深刻で身の危険もある状況でしたので、両親は近くにマンションを借りて退避しながら、子どもに食事を運ぶなどしてきました（子どもの人権や自由を認めるためには、親の人権が子どもから奪われることがあってもなりません。この場合に親が息子の暴力から退避しながら対応したのは賢明な判断でした）。

彼は、今思い返して、「不登校は子どもの成長期の大きなハードルと思います。これを越えるには親の協力が大切です。やっと越えられたら後は今後、一生、親子の絆がきっちりつくられるものです。不登校、ひきこもりの時期、子どもと親はじっくり助け合う努力をしましょう」と語っています。

不登校、ひきこもりは、当事者、本人の苦しみの表れであり、家族や周囲が本人に寄り添う立場で対応・支援することが大切です。

参考・引用文献

青木道忠、関山美子、高垣忠一郎、藤本文朗編著『ひきこもる人と歩む』（二〇一五年、新日本出版社）
藤本文朗、森下博編著『「あたりまえ」からズレても――ひきこもり経験者が綴る』（二〇二〇年、日本機関紙出版センター）
赤沼侃史著『子ども論』（二〇一一年、風詠社）
西岡正和、金子光夫、森下博著「すべて国民は個人として尊重される」（二〇一五年、すべて国民は個人として尊重される編集委員会）
藤本文朗「社会的ひきこもり対応基本法をさぐる」『日本の科学者』二〇二〇年一一月（日本科学者会議編、本の泉社）
斎藤幸平『人新世の「資本論」』（二〇二〇年、集英社新書）

コラム 「五〇年目の寅さん」を見て……

先日、久しぶりに一人で映画館に行き「男はつらいよ〜お帰り　寅さん〜」を見ました。終わった後には、わけもなく涙があふれて、止まりませんでした。おそらく寅さんが生きていた時代は、「高度経済成長期」真っただ中、本当なら、会社員にでもなって出世をめざし安定した「暮らし」を求めているような世代の人でしょう。ところが、好き放題、足が向くまま気が向くまま……素敵な恋をしながら旅を続けています。でも、折々には、ちゃんと故郷に帰ってきて、家族や地域の人々と温かい時間を過ごしています。

寅さんの甥(おい)っ子の満男君は、おそらく「ゆとり世代（または、まんなか世代でしょうか？）」。安定したサラリーマンを辞め、小説家として成功しつつあります（成功していなければ「八〇五〇問題」につながるかも〔？〕しれません）。この物語が、楽しく心優しく成り立っているのは、「誰も、誰かに経済的な依存をしないで生活が成り立っている」からだと、私は思いました。

実は、私の息子もいろいろありながら、約一〇年くらいは、いわゆる「ひきこもり生活」を送っていました。その時、私が最も不安に感じたことは「私が元気で働けている間はいいけれど、そのあともこのままだったら……。姉弟にお金や様々なことで迷惑をかけることになってしまったらどうしよう……」ということばかりでした。

幸い、この息子は「自分探し」に成功して、お給料は安いながらも「楽しいよ」といえる仕事に就いて日々を過ごしており、ホッとしているところです。そうなんです……、問題は「親亡き後」のこと……。

ところで、例えば、寅さんが旅先で倒れて仕事が出来なくなり生活費が底をつき、それでもそこに住んで、そこで「もう一度仕事がしたい！」と願って、その地で、生活保護を申請したとしたらどうでしょう。今のこの国で、すんなり認められるかどうか、はなはだ不安です。私が生活保護のケースワーカーなら、すぐに認めて、元気になる日を応援するでしょうが……。たぶん、申請は受け付けられても「扶養義務者」として、妹のさくらさんに連絡されて、引き取られて終わるのではないでしょうか？　こうなると、さくらさんに精神的・経済的な負担が生じることになります。そうなると、これまでの、温かい人間関係が壊れてしまうかもしれません……。

私は、現役で仕事をしていた頃から、そして市議会議員になった今でも、生活に関する相談をたくさんうかがっていますが「寅さん」のような人が、伸び伸びと生きられるような社会になっているとは、なかなか実感できません。

だから、この国の「セーフティネット」としての最後の砦、生活保護制度」の充実を願わずにはいられません。寅さんのように自由に生きる人にも、セーフティネットの網の目を……。

松原美子（千葉県鎌ヶ谷市議会議員）

Part2　「当事者が元気になる」支援の実例から

1　当事者が考え実行する活動を第一に

森下　博

筆者は大阪府堺市で子育て・教育に関わるNPO（その活動については後で紹介します）に携わってきました。本章では、このNPOが七年前、ふとしたきっかけから、ひきこもり当事者の若者三人（Sさん、Tさん、Oさん、それぞれ当時女性三〇代、男性三〇代、男性二〇代）を迎え入れ、共に事業にとりくんだ三年間の活動を紹介したいと思います。その三年間は、私が直接彼ら三人と関わった期間です。

この三年間、周りの支援者から、「あの人たちは、本当にひきこもりなの」と言われることもありました。支援者の目からみれば、イベント内容は斬新、活動はエネルギッシュだったためだと思います。私から見ても「まさか」と思うことはよくありました。

その後、Sさん、Tさんは就職、Oさんは、「NPO法人」の理事（ボランティア）として法人の中心的存在になりました。当初の状態から見たら「元気になった」といえると思います。ただ、現在、Oさんは「今も、ひきこもりです」と話しますし、あとの二人からもきっと同じ答えが返ってくると私は感じます。それは、抱えている未来への不安やつらい気持ちが今も続いていて、各自が自分を「ひきこもり」と自認するのが正直な気持ちだろうと思うからです。

三人が、当事者に向けて刊行した本『ひきこもりーノ大作戦　あなたを変えるきっかけに』で、自分たちが元気になった理由を、ちょっとした「きっかけ」だといい、きっかけさえあれば、あなた（ひきこもり当事者）は変わることができると書いています。しかし、さらに踏み込んで、なぜ変われたかと問うても、彼ら自身も「わからない」と言います。私自身も答えられません。

この問題はデリケートな問題でもあり、私はあえて「なぜ変われたのか」を彼ら自身に対し追究することはしていません。私は、三人の当事者がどのような経緯でどのような「ひきこもり」だったかについても、あえて問いかけませんでした（それは思い出すだけでもつらいことでしょうから）。今のSさん、Tさんが頑張りすぎないでほしいと願っています。Oさんは「NPO法人」の事業だけでなく、新たな分野で活動する足場づくりへエネルギーを蓄えているようにも見えますが、彼についても見守っていく必要を感じます。ただ、それはひどく特別なことでもありません。考えてみれば、誰しも、元気を失ったり元気になったりということを、繰り返しながら生きています。彼ら三人の場合、たまたまそれが「ひきこもり」という形をとりましたが、元気になるエネルギーも彼らの中にはあったわけです。ちょっとした「きっかけ」を経て元気になったのだとしたら、そのエネルギーを発揮しやすい環境、つまり自分らしく過ごすことのできる場があればいいのではないでしょうか。私もそのような場をつくることだけを考えて当事者に接してきました。

〔1〕出会いから方向性を探っていった時期のこと

二〇一二年当時、私は大阪健康福祉短期大学で子ども福祉学科に勤務していました。年の初めに、同僚の教授（小児科医）から、患者であったSさんがひきこもり状態なので私のNPO法人（堺子育て・教育ネットワーク。会員約六〇名。以下「NPO法人」）の活動に参加させてもらえないかと頼まれました。専門分野ではなかったのでいったんは断ったのですが、「ただ話を聞いてもらうだけでいい」というので仕方なく会ったのが最初でした。

母親と一緒に私の研究室を訪れたSさんの印象は、「おとなしい人」で（芯はしっかりしている感じにも見えましたが）、ほとんどしゃべりませんでした。筆者は、①ひきこもり問題の専門家でもないため、Sさんへのカウンセリングはできないこと。②NPO法人の活動に参加してもらうのはいいが、活動が自分と合わないと感じた時は遠慮なくいつでもやめてもらって結構ということだけをお話ししました。相手から見たら期待はずれの話だったかもしれません。ただ、Sさんは、『『NPO法人』の活動を何か手伝えることがあれば手伝いたい」という思いであったようです。自分の状況を変えるための一種の期待が、多少なりともあったのではないかと今考えれば思います。私は「Sさんができることを一緒に探しましょう」というあいまいな返事のまま、その日は終わりました。

「NPO法人」の活動、Sさんと私の模索

「NPO法人」の前身である堺「子育て教育」ネットワークは、一九九五年に準備会を発足させ、教育相談活動・講演会を中心に活動をしてきた任意のボランティア団体です。二〇〇五年に大阪府の認可を受け現在の「NPO法人」になりました。市の助成金事業に応募でき、合格すると運営団体として活動し一定の助成金が出され、有償ボランティア団体となります。現在、堺市の「みんなの子育てひろば」（原則＝平日開催。小さい子どもさんとお母さんのための居場所支援）事業で二か所の運営を任されています。

「NPO法人」の中心メンバーはその二か所に分かれて日常業務に参加しているため、Sさんのように新しいメンバーを受け入れる余裕はなかったのですが、毎年五月頃に開催される子ども向けのイベントは法人全体の行事として続けられており、それをSさんに手伝ってもらうことはありえるかなと思っていました。

ただ、その年の五月は、私自身の体調に問題があり、イベントへの参加を見送らざるをえませんでした。Sさんを受け入れる方向で考えていたのに、いきなりその計画は壁に突き当たってしまいました。やむをえないので、次の年のイベントまで一年間、Sさんにどう過ごしてもらうかと考えました。

Sさんの期待に多少なりとも応えるには、独自の事業を立ち上げるべきだろうと考えていました

が、私自身に、ひきこもり問題への知識がなく見当がつきませんでした。何を頼りに、どこから手をつけるのか、とりあえず事業のための情報収集をSさん自身とともに進めるべきだろうと考えました。

それは、「ひとりで悩みを抱え込まない」ということに、「NPO法人」の活動の根本理念の一つがあったからでもあります。どんな事業でも、新しい事業活動を立ち上げる時には、当事者（この場合はSさん）のニーズをつかむ必要があります。困った時は迷わず、まず当事者に聞け、当事者とともに考えよ——この発想は、私自身の長年の実践と経験から得たものです。

後述しますが、Sさんを中心とするグループによる事業も、筆者が案を用意したものではありませんでした。Sさんとともに、後から加わったOさん、Tさん三人が「どんなイベントにするのか」を、全くの白紙状態から「どうする？」というところから始まったように思います。結果的にそれがよかったのではないかと今では思っています。

「元気のでる活動」、「当事者参加型」をめざす

「情報を集めよう」という提案は、なぜかSさんの心に火を点けたようでした。Sさんは、初対面の時の印象と違って、精力的に活動し始めました。ひきこもり支援者らが開く勉強会や集会に参加し、時には報告者にまでなるほど積極性を発揮するようになっていました。

私の方は斎藤環氏や赤沼侃史氏など専門家の書籍や論文から学びつつ、Sさんが収集した情報や

府下や近畿一円にひきこもる若者たちが主体的にとりくんでいる活動・経験や支援者による実践活動の経験などの情報を集め、参考にできるものを探しました。ひきこもる人をどのようにとらえるか、当事者のための「居場所」とは何かなどについて学ぶことで、「ひきこもり当事者グループによる、当事者のための事業活動」をイメージするようになっていきました。

そうやって学びつつ、Sさんと話し合い一致したことは二つありました。

ア 「ひきこもり当事者が元気になる」ことを基本の第一にする。さらに当事者が元気になった結果、自然に社会とつながれるモデルづくりをめざす。ひきこもり当事者が家から出ることや就労することを活動の目標としない。それぞれの過去は問わず、自分が嫌なことはやらず、やりたいと思うことだけをやる。

イ 「当事者参加型」の事業に徹する。つまり、ひきこもり当事者の視点に立って、当事者の自主性を最大限に尊重する。できないことよりも、できることを探す。

すべての事業は、当人の意向と自主性を徹底的に尊重すること。何をやるかは、参加した者が決める。いっさいの条件はつけないで、やれそうなことから活動を始める。

〔2〕当事者参加型の条件が整う

「元気になる」活動とは具体的にどんなことなのでしょうか。私は、何よりも当事者が「やりたいと思うことはするが、やりたくないことはしない」ことを大切にしようと考えていました。その意味でこれは、Sさんとの事業活動のもう一つの柱である「参加型」事業とも深く関わっています。ただ、Sさん一人では、すべての「参加」を彼女一人が担うことになり無理がありますし、アイデアも広がらないと思い、最低でも当事者・経験者が三人以上集まる必要があると考えていました。

私は、ほかのメンバーを探しました。そして、たまたま、大阪健康福祉短大で筆者が担当したゼミの卒業生二名が自宅待機中らしいという情報を得たのです。それがTさんとOさんです。在学中、共に成績優秀で、まさか家にこもったままとは思いもよりませんでした。Oさんが不登校経験者であったことは、入学時に聞いたことがありました。二人に電話し、近況を聞くとともに、「ひきこもりの事業を始めたいが、参加しないか」という趣旨の話をしました。

三人のスタートの日

Tさんと0さんは、人前でしゃべるのが苦手なようでしたが、ともかく参加してくれることになりました。私がゼミの教員だったよしみで、元指導教員の顔を立ててやらないといけないと思ってくれたのかもしれません。

二〇一三年二月一二日が、事業のはじまりの記念すべき日でした。堺市役所の本庁ロビーで待ち合わせ（初顔合わせ）、三人を知っている私からそれぞれを紹介し、起業するにあたって「なにか人の役に立つ仕事をやってみないか」との趣旨を説明しました。その足で、私の知り合いである堺市社会福祉協議会堺区事務所のH係長に三人を紹介、今後の協力を要請しました。

その後、あらためて三人には、その年の五月にある「NPO法人」の子ども向けイベントを手伝ってもらえないかと説明しました。「活動を通じて、元気の出ることを目標にする」「三人で何をやるか考えすべて合意してから活動を始める」との事業の方向性について述べました。Sさんは、私と一年かけて方向性を検討してきたので、その趣旨は理解できていたと思いますが、初対面のTさん、OさんをSさんはどう受け止めているだろうかと、気になりました。また、いくら気心が通じている二人の元ゼミ生でも、Sさんは初対面ですし、そういう緊張する場面で、いきなり「事業の趣旨説明」を受けたことにはきっと戸惑っていただろうとは思っていました。

その日、たまたま「NPO法人」の定例世話人会もありました。これも特にTさん、Oさんには戸惑うことだったと思いますが、三名に参加してもらいました。その席上、Sさんは五月の法人主催の「イベントの運営を任せてほしい」と、突然の提案。これには今度は私や世話人が驚く番でした。驚きつつも、世話人会としてはSさんの申し出を了承、当日のイベントの具体的内容は、次回の世話人会で提案を受けることにしました。

この顔合わせの日のことを三人は次のようにあとで振り返っています。

Sさん「森下先生の繋がりを通じて、このひきこもり事業に参加したいという若者が2人、子育て・教育ネットの事務局に来てくれたので、その場でさっそくひきこもり事業のチームを結成しました。さらにその日の世話人会議にも出席したが、その議題で年一回開催しているイベントの実行についての話が上がりました。私はその場で、ひきこもり事業の仕事として、イベントの企画・運営をさせてもらいたいと申し出た。こうしてひきこもり事業の第一回目の仕事が決定しました」。

Oさん「(自分が)活動に移る流れはとても突発的でいまだにわけがわからない。……短大時代の恩師である森下先生から突然かかってきた電話だ。……その事業について初めて話をするということで向かった先はいきなり市庁舎。社協の係長さんにどのような考えで活動をしようかという理念を聞いてもらうことが始まりとなった。係長さんと顔を合わせる前の打ち合わせは市庁舎ロビーで数分間、レジュメ一枚のみというすさまじく不安と恐怖が掻き立てられるシチュエーションだ。しかもこの時、私と先生を合わせ四人が集まったが一人は初めて顔を合わせた人物、Sさん。もう一人は短大時代の後輩。しかし顔は知っているが交流はさっぱりなかったT君だ」。

Tさん「いつものように日々をだらだらと過ごしていた時に、かつて短大でお世話になっていた恩師から電話がきたのだ。『ちょっと起業みたいなことをするので、一緒にやってみないか?』あまりに突然の申し出だった。少なからず動揺していたかもしれない。とはいえ、これまでのようにだらだらと過ごしていたとしても楽しくもない。気がつくとすぐにその申し出を受けていた。一体何をするのだろうと思いつつ向かうと、そこには同じ仲間となるOさんとSさんがいた。私はそこでも驚かされた。なにせそのOさんは私が通っていた短大の先輩だったからだ」。

(いずれも『ひきこもりーノ大作戦　あなたを変えるきっかけに』より引用)

三人三様の受けとめで、何かの方向性が共有されているわけでもない状況ですし、とくにOさんとTさんはいろいろ戸惑いながらだったと思いますが、ともかくこうして動き始めてくれたことに感謝しています。

〔3〕ひきこもりーノ、イベントにとりくむ

事業名は「ひきこもりーノ大作戦」

三人のグループは、Sさんによって「ひきこもりーノ」と命名されました。「ひきこもりーノ」と私の四名で月一回のペースで、ミーティングをもちました。

Sさんが「ひきこもりーノ」とつけた理由について述べています。

「私たちは『ひきこもり』を全面肯定する。そしてこのような生き方をする人を『ひきこもりーノ』とよぶ。……いわゆる『ひきこもり』がそのような生き方をする個人に対して社会の側からいわば便宜的によばれる名称であるのに対し、『ひきこもりーノ』は完全に自己申告制である。定義も何もなく、当人の了解があるのみである」（前掲『ひきこもりーノ大作戦』より引用）。

これはいわばSさんの宣言であり、三人が全く一致しているわけではありません。それぞれ、ひきこもりの言葉に考え方の違いはありますが、包括して「ひきこもりーノ」と解釈し、三人のグループの名称となりました。

また、イベント名は「ひきこもりーノ大作戦」と名付け、Sさんがリーダーとして作成した「指令書」を、二人の同志つまりOさん、Tさんに送るという、「スパイ大作戦」のパロディです。三人の間の関係性もふまえた楽しく活動するための工夫の一つで、これはSさんが考えました。イベントに取り組むたびに「指令書」がつくられました。

＊指令書　ひきこもりーノ大作戦Ｍｉｓｓｉｏｎ１：おはようフェルプス君。

ＮＰＯ法人堺子育て・教育ネットワークは安心・安全の子育てができる街・堺をめざして数々の実績を上げ続けてきたが、少子高齢化、デフレ、いじめ問題、グローバル化など時代の変化にともない教育分野における課題にも新たな対応が求められつつある。だがスタッフの熱い熱意にもかかわらず、資金にも人材にも満足とはいえず、年2回のイベントの賑わいも回を重ねるにつれだんだんと淋しくなってきている有様だ。そこで今回の君の任務は、5月26日に開催される春のイベント「み～んなよっといで！」の企画・運営を抜本的に改革し、集客数を上げ、売上を伸ばし、会場を盛り上げ、お子様、赤ちゃん、お母さん、おばちゃん、ゲスト、スタッフたちを楽しませ、最終的に大成功を収めることである。メンバーたちはすでに会合に参加してはやくもその有能ぶりを発揮している。メンバーはこのたび新しく加わった、ええ声で理路整然と独自のアイデアの大判（ママ）振る舞いをするO－MAN、プロの保育士にして意外とかなりの社交センスに優れたレディT、そしてもはやイベントのアイドルとして定着したかわいいパンダ君に扮する変装名人のルンルンである。彼はこのイベントの主役であり、今回の成功のカギを握っているであろう。例によって君たちが逮捕あるいは殺されても当局は一切関知しないのでそのつもりで。なおこのテープは五秒以内に消滅する。幸運を祈る。(プシューーー……ブスブス……)

「ひきこもりーノ」は、月一回のミーティング(定例会)を続けてきました。Sさんを中心に、概(おおむ)ねメンバーの近況を語り合うことからはじまり、イベントが迫ってくるとその準備のために時間を割きました。以下、「ひきもりーノ」が取り組んだ三つのイベントを紹介します。

「NPO法人」主催の子ども向けイベント

すでに述べた、地域の子どもたちを対象に「NPO法人」が開いている五月のイベントです。Sさんが、突然「行事の企画・運営をまかせてもらえませんか」と提案した後、どうなることかと思って見ていましたが、企画の具体化段階でOさんが次々とアイデアを提案しました。パンダの絵を四つに分割したスタンプを押してもらってパンダの絵を完成させるスタンプラリー、自分の将来の夢ややってみたい仕事を果物の実の形をした色画用紙に書いて貼っていく「夢の木」、毛糸でつくったシュシュ(ブレスレット)、ストローでつくったトンボなど手軽なおもちゃ……子どもたちが喜びそうな内容だと誰もが思いました。

準備の大変さを予想しましたが、世話人会は、マンネリ化しつつあった例年のイベントから脱却するために、子どもたちが喜ぶだろうOさんの提案を採用しようということになりました。

当日、Oさん発案の企画はどれも好評で大盛況でした。

準備の過程ではいろんな人の協力もありました。たとえば「夢の木」を作ってくれたのは私の友人でしたが、色画用紙を果物の形に一〇〇個ほど切り抜く作業は、ひきこもっている息子さんが手伝ってくれたと聞いています。「スタンプラリー」で使った四分割されたパンダのスタンプも、筆者のひきこもっている友人に頼んで作ってもらったものです。

成功した子ども向けイベント

イベント準備は大変でしたが、当日は参加者数・出店数なども、過去最高を更新しました。地域自治会や近所にある幼稚園からも多くの参加者があり、活気のある楽しいイベントとなりました。
健康福祉短大の学生だったOさん、Tさんが実習でお世話になっていたおおぞら保育園だったこともあって、地域宣伝の横断幕づくりの協力をお願いしました。園の全面的な協力のもとに、園児たちが作成した横断幕をイベント会場の歩道側に掲示しました。通行する人たちに大きな宣伝効果があったように思います。また、協力してくれた園児や保護者、園長さんらも当日は参加され、地域のみんなでつくるイベントになり、笑顔があふれました。また、Sさんがかつて所属していた劇団の友情出演があり、会場が華やぎました。

Oさんは、足を運んでくれた子どもたちにもっと楽しんでもらいたいという思いが第一だったと思います。それに、お客さんも、ただのお客さんではなく「イベントを一緒につくっていく」という姿勢がありました。保育園児たちが作ってくれた横断幕もそうですが、ひきこもり当事者の家族に協力を依頼し、喜びを共有するという観点で準備を進めました。先に紹介した「夢の木」もその一つです。

保育園児たちが作った横断幕

「ひきこもりーノ」メンバー三人とは別にNPO法人のイベント・スタッフとして力を発揮してくれた人がいました。大阪総合福祉専門学校（大阪健康福祉短期大学の前身）の卒業生Mさんです。保育士の経験を生かして、力を貸してくれました。彼女の応援がなければ、イベントの成功が危ぶまれるほど大きな存在でした。「ひきこもりーノ」の三人が軸になりつつ、現場でサポートするメンバーに恵まれたこともイベント成功の大きな力になったと思います。

商店街の活性化をめざすイベントに参加

五月のイベントが成功裏に終わり、次は何をやろうかという話になった時、Oさんが「商店街の活性化とかおもしろそう」と提案しました。Oさんが発案したときに、「さすがだ、君は天才か」とSさんがいい、「うん、いいんちゃうか」とぼそっとTさんが同意するのが、このメンバーのよくある会話風景です。三人と私とで、二か所の商店街にアポなしで見学に行くことになりました。

二〇一三年一一月一六日、山之口商店街に行ってみました。堺では有名な老舗商店街で、活性化の一環として山之口アートフェアという企画が準備されているところでした。

戦国時代から国際貿易港として繁栄し、高度な自治都市として有名な堺市にあって、山之口商店街はかつて、大阪の心斎橋と並ぶ、第一級の繁華街でした。

近年、全国的に衰退が進む商店街の一つでありますが、かつて生活・経済・コミュニティの中心であった商店街として、活性化させたいとの思いから企画されたのが「山之口アートフェア」でした。商店街の中にある「ギャラリーいろはに」(画廊)の店主のよびかけで、空き店舗を利用して、作品の展示や販売を行うイベントだったようです。

「ひきこもりーノ」のメンバーが訪問した先が、偶然にもこのイベントの呼びかけ人である店主の店でした。店主からその場でイベント企画の実行委員になってほしいと要請されました。

持ち帰って考えた時、Sさんは乗り気でしたが、Tさん、Oさんは参加には消極的でした。「いやなことはやらない」ということで、結局、三人のメンバーは参加を見送ることになりました。Sさんと T さんが「断る」ために、現地の実行委員会に参加したのですが、この時、「今回、どうしてもあなた方の若い力が必要です」と説得され、最終的には断りきれなかったようです。その後のミーティングで、O さんも了解、応援団の M さんも「本気でやるなら手伝います」と言ってくれたこともあり、商店街のイベントに協力することになりました。

そこからは O さんの出番です。「商店街の店主さんを紹介するガイドブック（手づくりパンフ）を作ったらどうか」と、私から見ると無謀とも思える提案でした。S さんが「よく言った」と応じ、T さんも同意するといういつもの風景が復活。

しかし、店主紹介の手作りパンフをつくることは大変なことでした。一人ひとりの店主から自慢の商品を写真にとり、一言コメントをもらい、店主の顔写真を撮って、それを色画用紙に印刷し、切り抜いて貼るという一連の手間のかかる作業です。

期限内に取材から構成までを仕上げるにはどれだけのエネルギーが必要だったでしょう。まして、ひきこもりの当事者、経験者ですから、初対面の店主さんに会うのだって緊張するでしょう。リーダーの S さんでさえ「どこから行くか。実は今だから白状するが、まるで知らないお店にいきなり訪問して取材をさせていただくなんて、もう怖くて心臓バクバクもんだった。一歩お店に足を踏み入れるのがものすごい恐怖だった。横に相棒の T さんが一緒に立っていてくれるだけでかなり心強く感じていたものだった」と回想しています（前掲『ひきこもりーノ大作戦』より引用）。

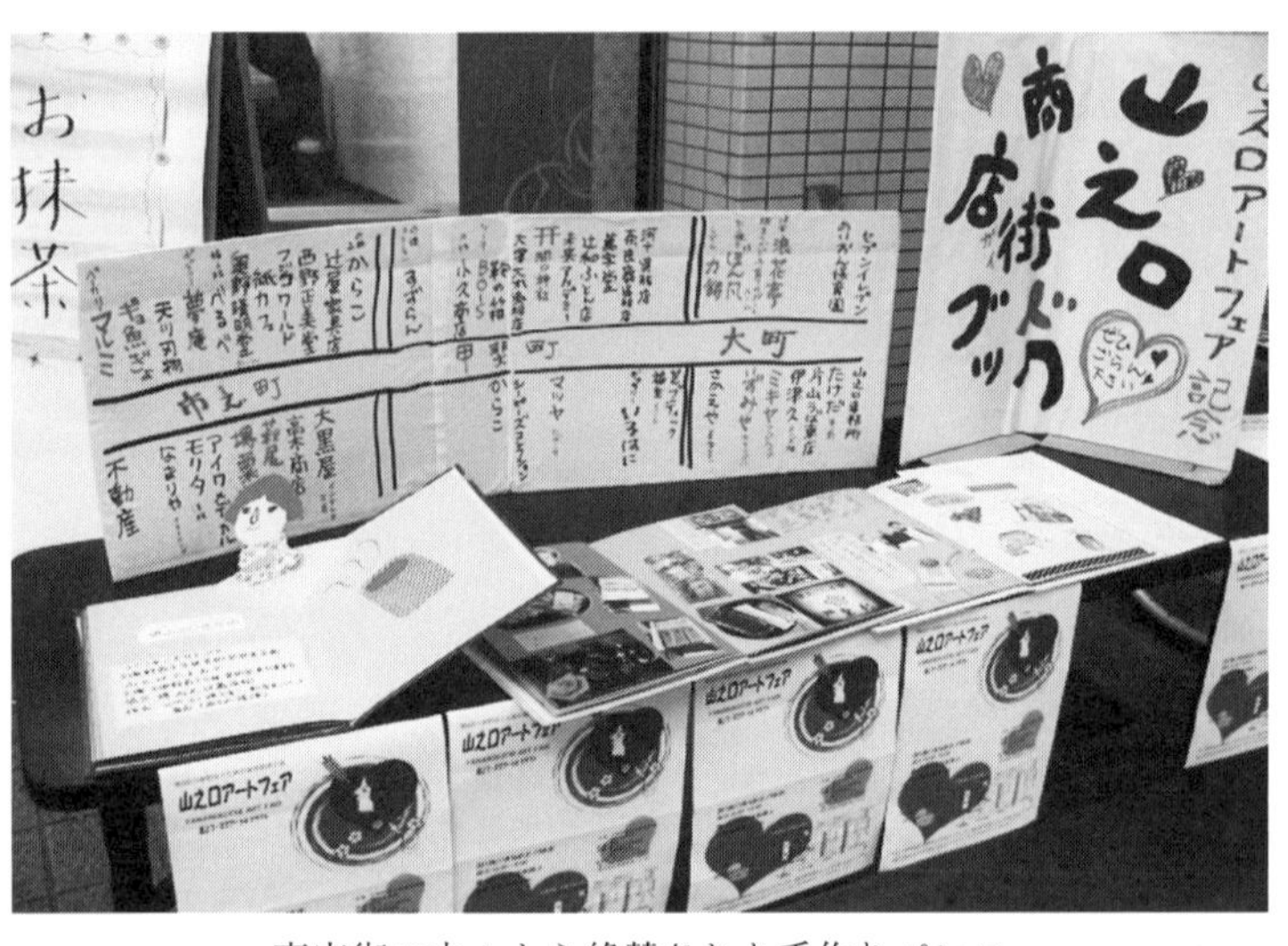

商店街の方々から絶賛された手作りパンフ

SさんとTさんは取材を担当し、OさんとMさんとは、取材で得た写真などを切り貼りする作業を担当したようです。この時もMさんの応援は手際がよく、「ひきこもりーノ」メンバーからは、パンフ完成に大きな力となったと絶賛の声があがりました。

店主さんとお店が紹介された手作りパンフレットをイベント本部の店の前に置くのですから各店主さんは大喜びでした。商店街の皆さんから、「本当に君たちはひきこもりなのか」と言われ、すごく信頼されていたことが伝わってきました。「ひきこもりーノ」のメンバーも、それぞれが、期限までにやり遂げたこと、それぞれの持ち場で全力を出し、店主さんから喜ばれたことが満足感につながったように思われます。

メンバーが頑張れた理由は、店主紹介を提案したOさんの考え方にあるといえます。Oさんは、

「商店街は、ただ物を売っているだけの場所ではない。そこに暮らす人々とお店の織り成すドラマがあり、その主役は、やはり商店の店主さんたちなのだ」と考えていました。それに商店街の皆さんの共感が得られたのだと思います。

その当時のSさんの感想を見ると「私の正直な感想としては…ただただ、言葉がなかった。みんなどーしてこんなに頑張れたのだ〜!? まる七日間も! うち六日間は連勤! 一〇時〜十八時で! しかもそのうち二日は夜会議出席あり! ひきこもりなのに!（ありえねえ!） これじゃ、まるでフルタイム勤務とおんなじじゃん! お給料をもらえるバイトでも厭でやらないのに、なぜ、こんなただ働きを自ら買って出て、やり遂げたのか!」と、書いています。

筆者は、互いに腹が立つこともあったのではないかと推察します。しかし、お互いの内面に踏み込まないという彼らの不文律と、周りの期待にこたえなければという真面目さが三人の力を持続させたのではないかと感じています。

Tさんはパンフレットの取材の間、取材の中心になるSさんの心の支えとして見守っていたようです。また、アートフェア当日、パンダの着ぐるみを着て場を盛り上げました。長時間、パンダの着ぐるみを着て愛嬌を振りまくTさんに、「君、暑いのに、着ぐるみ着続けていて、大丈夫?」と尋ねました。Tさんは「いや、この方がかえって気が楽です。自分の人格とは関係なく、接することができるから。みんなから評判もよくて悪い気がしません」と言いました。仕方なくやっているのではないかと感じていましたので、その反応に私はホッとするやら、納得するやらでした。彼の心のありようの一面を知ることもできました。

全国的なイベントでの「ひきこもり分科会」を担当

二〇一四年二月二五日～二六日、「第九回社会的ひきこもり支援者全国実践交流会 in 大阪」（以下「支援者交流会」）が堺市の大阪健康福祉短期大学を会場として開催されました。

Sさんは情報収集のなかで、この交流会の開催を二〇一三年九月に知り、翌月には、分科会の責任者に誘われ、実行委員会に参加していました。

この「支援者交流会」は、その名の通りひきこもる人を支援する人が中心の集まりのため、ひきこもり当事者の分科会がもたれたことはありませんでした。そこで、Sさんは、コーディネーターに「当事者の分科会をもってほしい」と要請したそうです。その要請が認められ、「ひきこもり分科会」が企画されることになりました。

3人で山之口アートフェアを盛り上げた

分科会は二日間開催され、Sさんは運営の中心を任されることになりました。「ひきこもりーノ」の出番だと内心ワクワクしながら、Sさんはあとの二人に相談しました。ところが、OさんとTさんは当日を含め「支援者交流会」には参加しないと言ったのです。

理由はほっきりしていました。「支援者の交流会には何の関係もないし、興味もないこと。とても、当事者が主体的になれる場ではないこと」。また、この時は交流会参加者が参加費（二〇〇〇円）を支払う必要がありましたが、それについてはひきこもり当事者も同じでした。二人はそれについても批判的でした。

Sさんが、「ひきこもりーノ」が活躍できるチャンスであり、意義は大きいと訴え、説得したけれども他の二人の意見は変わらなかったようです。その結果、次のような結論に至ったといいます。

――Sさんだけが分科会も含めて「支援者交流会」に参加する。Tさん、Oさんの二人は、当日会場で本を販売する書店さんのアルバイトとして参加するが、Sさんが運営する分科会には参加しない。ただし、Sさんの要望に応えて分科会運営の成功のために、準備には協力する。

そのような形ではありましたが、この時もOさんのアイディアが生かされました。当事者たちが参加してよかったと思えるような、楽しく、しかも気を遣わずにすむ、そんな企画を二つ提案しました。

一つは、分科会会場の教室いっぱいをつかったオーダーメイド「すごろく」と「本音くじ」でした。自己紹介をしなくてすむゲーム（オーダーメイド「すごろく」）は、教室全体をすごろく盤に見立て、三〇個あまりの机をすごろくのマス目とするものです。参加者自身がすごろくのコマになり、大型のサイコロの数だけ机を進みます。この時、たとえば「二個すすむ」などと書かれた紙が机に置かれていて、参加者はその指示通りに行動します。また参加者自身も主催者から受け取った紙に、自分で面白い内容を書いて、空いた机に裏返して置いておきます。手作りの大型サイコロをつくるのは準備が大変だったと思いますが、三人で力合わせ、手作りの大型サイコロを仕上げました。

当日は、実は私も参加しました。筆者が、大型サイコロを転がし目の数だけ進んで、机の上の用紙を見ると、「チューとなく」と書かれていました。私が、その場で「チュー、チュー」とネズミの鳴きまねをしますと、教室全体が大いに沸きました。自分たちが書いたものが利用されるという参加型のゲームで場が和やかにならないわけがありません。

また、Oさんが命名した「本音くじ」（日頃思っている本音を、誰にも知られず発表したい）のやり方は、無記名で自分のいいたいことを書いて投票箱に入れ、スタッフがそれを引いて発表するというだけのシンプルなものです。無記名なので、気兼ねせず言いたいことを書くことができるものです。

普段言いたくてもなかなか言えないこと、実は支援者に対してこう思っている、あるいはこういうことを知ってほしいのに……ということを赤裸々に書くことができるのです。発言にともなう責任や周囲からの重圧を軽減し、日頃のうっぷんを晴らすだけでなく自分の意見に周囲の人が同調してくれたり、あるいは他者の意見に共感したりといった相互の交流もなされるというのがOさんのねらいでした。

先入観なしで考えることができ、他人の目が怖くて出られないというひきこもり当事者に配慮された交流になりました。一日目に、ゲームの盛り上がりとは違った雰囲気で、参加者のほとんどがリラックスしながら、本音を聞き合い、語り合う場になったように思います。

＊

以上、三回のイベントにとりくみましたが「ひきこもりーノ」の企画は、どれもが予想外の成功となりました。なぜこんなに成功したのか、私もそうですが彼ら三人も、今も理由がわからないといいます。三人は、イベントを通じて、お互いを知るなかで、チームワークもだんだんよくなり、元気になっていったように感じます。

〔4〕本の刊行、三年間のまとめ

「ひきこもりーノ」の活動の成功は、もちろん三人の結束力と相互信頼に負うところが大きいと思います。同時に、どのイベントも成功した背景には、「ＮＰＯ法人」世話人会、山之口商店街の人たち、ひきこもり支援者全国交流集会実行委員会の方々の多大な協力と励ましがあったことはいうまでもありません。

三つのイベントが終わった二〇一四年三月ごろ、Ｏさんから、とりくんできたイベントを「本にしてはどうですか」との提案がありました。自分たち三人が「ひきこもりーノ」の活動に参加してきた過程を振り返ってみると、「この活動がなければ、きっと僕は今も家を出ることができなかったと思う。この事業があったからこそ、近所の目を気にせず、家から堂々と出ることができた」と、

Oさんは言いました。一方で彼は、「今も苦しい。前向きになれる人だからできたわけではない。外に出るのはしんどい、人と会うのはイヤ、何も変わっていない」とも言います。そんな気持ちでいるからこそ、今、苦しんでいる当事者の人が、この本を読むことによって「自分を変える〝きっかけ〟に」なれば、と動機を述べました。

原稿の執筆は大変だろうなと思いつつも、筆者は、何よりも彼らが出版したいという思いを大切にし、彼らが書きたいことを書きたいように書く形式にし、細かいことは言わないことにしました。幸い筆者の友人で出版の仕事をしていた人が全面的に協力してくれました。また、堺市社会福祉協議会が、補助金で出版資金の一部を補助してくださったことも幸いしました。

本の題名は、『ひきこもりーノ大作戦　あなたを変えるきっかけに――元気になる当事者参加型事業＝三年間の記録』（A四判、一三三ページ）です。第一章は森下がこの事業の概要を書きました。第二章から第四章までSさん、Tさん、Oさんがそれぞれ執筆しました。第五章は特別企画として、「なぜ生きるか」「なぜ、自殺を考えるのか」「居場所はあるのか」などをテーマに互いに三人で話しあったことを記録しています。第六章はこの間お世話になった八人の方からの激励のエールをもらいました。当初の編集構想からは考えられないようなボリュームと豊富な内容の本が完成しました（『ひきこもりーノ大作戦――あなたを変えるきっかけに　元気になる当事者参加型事業　三年間の記録』二〇一五年、NPO法人堺・子育て教育ネットワーク。第一章　写真で見る活動概要、第二章　ひきこもりーノ大作戦、第三章　ことの始まり、第四章　突然の電話から、第五章　特別企画、第六章　応援者コメント。)。

「一年後の表情の変化に驚いた」

「ひきこもりーノ」の活動を、周りの人はどう見ているのでしょうか。三人が初顔合わせの直後からお世話になった堺市社会福祉協議会堺区事務所係長のHさんが、この本に寄せてくださった言葉の中に、彼らの表情の変化と今後への期待が込められていました。

「私と『ひきこもりーノ』との出会いは森下事務局長からの声かけであった。ひきこもり当事者による当事者のための活動を考えているとのことで、三人の当事者とお会いした。一緒に考えることはできるが、私がその全てのお膳立てをすることはできないと告げると落胆しておられたことを思い出す。（中略）次に会ったのは一年後、表情の変化に驚いた。何があったのかは本報告書に譲る。『当事者主体』、ソーシャルワークの分野ではよく語られる言葉である。しかし、多くは当事者ではなく、支援者とされる立場から語られる。社会参加の名目で支援者が当事者を『社会の枠に当てはめること』が描き出される。自己批判とともに、当事者が『自ら社会に居場所を見つけること』で社会参加を試みるこの取り組みは評価に値する。これからも社会福祉協議会や関係機関とともに、誰もが社会の中で居場所を得ら

れる社会づくりに寄与していただきたい」。

一年間の活動による「ひきこもりーノ」三人の元気と自信に満ちた表情の変化をみて書いてくださった、彼らにとってもうれしい感想だったと思います。

仲間への信頼と自信

三人の間には、いつも何ともいえないハーモニーが作り出されています。Tさんは、ある時、「この三人だと失敗する気がしない」とつぶやいていましたが、相互の信頼と自信がみなぎっているように感じました。Sさんの精力的な活動の結果に負うところが大きいことはいうまでもありません。「元気にさえなれば、きっと次への飛躍が生まれる。それが人間である」との当初の仮説を裏付けるような実践となりました。

その後、筆者は体調に問題があり、「ひきこもりーノ」のミーティングにあまり参加できなくなりましたが、今も、三人の交流は続いていると聞いています。その後、SさんとTさんは就職しました。「ひきこもりーノ大作戦」当時、Tさんは「『生きるために働く』ことはしない」といっていたので、Oさんにそのことを聞くと、「遊ぶための資金を稼いでいるようだ」と答えてくれました。どうも心境の変化ではなかったようです。Sさんは、最近、結婚もしたと聞いております。

Oさんは、正職員として採用したいというオファーを断り続け、現在もなお、無業者のまま「NPO法人」の理事を続けています。また、二年前に立ち上げた「ひきこもり当事者発信プロジェクト」（略称ＨＨＰ。ひきこもり当事者による講演などの発信活動や支援者による相談・支援活動を行う）の中心メンバーとして活動しています。二〇二〇年三月に『あたりまえからズレても――ひきこもり経験者が綴る』（藤本文朗、森下博編著、二〇二〇年、日本機関紙出版センター）という本を刊行した際には、編集委員として、なくてはならない存在となりました。

「ひきこもりーノ」の活動が、さまざまな成果をもたらしてくれ、三人のメンバーが元気になったことに、私はホッとしています。ただ、ひきこもる人たちの特徴や実態を知るにつけ、冒頭に記したように、仕事を続けているＳさんやＴさんが無理して頑張りすぎていないだろうかと思うこともあります。

「ひきこもりーノ」三人との三年間の事業活動は、この先どうなるかハラハラ・ドキドキの連続でした。三人がこの先どんな人生を送っていくのかはわかりません。行きあたりばったりの事業活動でしたが、「当事者が元気になる活動を第一に、参加型の事業活動を」という事業活動の基本的方向が、それぞれの今をつくりだしているように思えます。「ひきこもりーノ」の事業活動が、これからの彼らの人生にとって、大きな財産となっていくことを願っています。

2　当事者による自助グループの力

高井逸史

そもそも私がひきこもり当事者と関わるきっかけからおはなしをしたいと思います。

私は二〇一二年九月より堺市南部に位置する泉北ニュータウンで、シニアの方を対象に体操講座やウォークイベントを開催しています。全国的にニュータウンは、まち開き当時に一斉に住民が住み始めた経緯があり、高齢化率が高く単身高齢者の割合も高いのが現状です。もちろん泉北ニュータウンも例外ではありません。さらに丘陵地形のため、勾配（こうばい）のある坂や階段が住居周辺いたるところにあり、高齢者にとって自転車など二輪車での移動は実用的ではありません。移動手段は歩くか車の二者択一。加齢等により膝や腰が痛くなり歩行に支障がでると、車の免許がないとただちに買物困難者に。そうならないようにシニアの方がいつまでも自分らしく住み慣れた地域で暮らし続けることをめざし、健康寿命を延ばす体操講座などを定期的に実施しています。

体操講座は地域の自治会館で椅子さえあれば私ひとりでできますが、ウォークイベントはひとりで実施できません。はじめは医療従事者の方に協力してもらいましたが、担い手として継続することが難しくなりました。

ウォーキングイベントの受付をひきこもり当事者らに手伝ってもらった

そこで、スタッフとして手伝ってくれる「ワカモノ」の協力を考えました。ひきこもり当事者の存在が頭に浮かび、二〇一八年八月中旬に堺市のひきこもり支援センターに行き、担当者と相談した結果、同年一一月に当事者二名と担当者が体操講座に来てくれ、高齢者と一緒に体操やノルディックウォークを体験してもらいました。ただこの時は、残念ながら継続には至りませんでした。

同じころインターネットでいろいろと調べ、大阪府高石市にひきこもり当事者の親（以下、親と略します）の会であるＮＰＯ法人ＫＨＪ大阪虹の会（代表理事　前川実氏）があることを知りました（ちなみにＫＨＪは"Kazoku Hikikomori Japan"の略で全国組織の家族会です）。前川代表理事と役員の方とお会いし、ウォークイベントへの協力を要請し快諾していただきました。当事者が四名、親が二名参加し、受付を手伝ってもらいました。まず参加者に「名前を

中谷信哉さん

書いてもらう」「次に名札を渡し名札にも名前を書いてもらう」「そしてウォークコースの案内を渡す」。当初、協力は受付だけと考えていましたが、その後当事者も親も一緒にウォークイベントに参加してくれました。ウォークイベント終了後、当事者に参加した感想を聞くと、先頭グループから遅れコースがわからなくなった参加者と一緒にゴールまで歩いたと聞き、困っている人を自主的にサポートしていたことが判明。その後も当事者に必ず協力してもらうきっかけとなりました。

〔1〕一人の「ワカモノ」との出会い、さなぎるど

その後、大阪虹の会から当事者同士の交流会に誘ってもらい、翌年二〇一九年二月にあったKHJ主催の対話交流会「つなかん」に参加し、ひとりの「ワカモノ」と運命の出会いがありました。その名は中谷信哉さん、彼自身八年半のひきこもり経験者です。ひきこもり支援相談士でもあります。「ひきこもり支援相談士」というのは、一般社団法人ひきこもり支援相談士認定協議会が認定する資格で、ひきこもり当事者（本人と家族）に第三者として寄り添い支援を行うとしています。

(http: HYPERLINK "http://khj-hsc.org/about.html"/ HYPERLINK "http://khj-hsc.org/about.html"/khj-hsc.org/about.html)。

当事者同士が気軽に安心して寄れる居場所づくりを彼に提案したところ、彼もそういった活動がしたいということで意気投合。そこで、大阪虹の会の方に相談し事務所の二階が空いているので、同年四月に大阪虹の会の二階を当事者の「居場所」としてお借りすることになりました。大阪虹の会では当事者が参画する農園活動が行われており、参加する高木さんという「ワカモノ」がいました。そこで、中谷さんが代表となり、高木さんが彼をサポートする形で、困りごとを抱える当事者の自助グループが発足することになりました（同年五月）。

「さなぎるど」のロゴ

自助グループとは、その名の通り、当事者が当事者を支援し合う集団です。ひきこもり問題の場合、当事者だからこそ理解・支援できることがあり、そこを重視した支援のアプローチです。なお、一部政治家が唱える「『公助』より、まず『自助』」といった主張とは何の関係もありません。

発足当初のメンバーは八名（男性六名、女性二名）。その自助グループの名は「さなぎるど」といい、中谷さんがロゴマークをデザインしました。

それが上の図です。その意味は「蝶として羽ばたくことができる心（落ち込んでいた時期もさなぎとして力を溜めていた心）を、落ち着ける居場所で、発揮していくための手助けをするグループという意味がこもっており、そのような心をサポートしていく過程で、ゲーミフィケーションを活用した、楽で楽しい活動を行っていくため、マークの下部にゲームに使うコントローラーのボタンのようなマークを挿入しました」と中谷さんは説明してくれました。「ゲーミフィケーション」とは、人が楽しんでプレイできる遊びや競争といったゲーム的な要素や考え方をゲーム以外の分野に応用し、顧客やユーザーとの関係構築に利用しようとする取り組みのことをいいます。彼自身当事者の経験があり、いかに楽で楽しい居場所が必要であるか、このロゴマークから十分に感じられます。「さなぎるど」の最新情報は twitter で確認できます（https://twitter.com/sanaguild/）。

その後、中谷さんを通じウォークイベントに「さなぎるど」のメンバーが協力することになりました。以下、本文では「さなぎるど」がウォークイベントに関わる経過を紹介し、その時に私が感じたことや気づいたことを述べたいと思います。

〔2〕〝アイデアマッピングゲーム〟

九九ページに載せたチラシは、ウォークイベントのお手伝いを当事者に呼びかける時に中谷さんに作成してもらったものです。ストレートに内容が伝わるインパクトのあるチラシとなっており、これ以降チラシを作成する際には彼にお願いするようになりました。

同年五月に開催するウォークイベントのスタッフとして「さなぎるど」に協力を要請しました。当日の受付のほか、ウォーク終了後、恒例のじゃんけん大会を「さなぎるど」に委ねました。そこで、じゃんけん大会で使う景品を検討することになりました。

「さなぎるど」では、発言が苦手な当事者でも自分の意見や考えを表出する方法が行われています。それが〝アイデアマッピングゲーム〟です。ＫＪ法をゲーム感覚で行う中谷さんらしい工夫がされています。「ＫＪ法」とは、カードを用意しそのカードにアイデアなどの必要な情報を記入し、集まった膨大な情報をまとめていく手法です。その手順は、

①アイデアカードをテーマに沿ったアイデアをひとつ、一言で書く。

②制限時間まで①を繰り返す。

③アイデアカードをすべて回収し、裏向きで並べてグチャグチャにシャッフルする

④一枚ずつめくっていき、似たアイデアがあれば近くに並べていく

ウォークイベントの受付をする「さなぎるど」メンバー

⑤似たアイデア同士のグループにジャンル名を付ける
⑥似たアイデアが一つもないアイデアを集め、無所属というジャンル名を付ける
⑦一番目に多かったジャンルのアイデアを書いた人は＋五点、二番目に多かったジャンルのアイデアを書いた人は＋三点など、点数をつけ最も高得点の人が優勝となると、進めていきます。

この方法ならしゃべるのが苦手な当事者でもアイデアや意見を紙に書いて表現が可能となります。景品が〝アイデアマッピングゲーム〟方式により、当事者の意見を集約した結果、万歩計や携帯扇風機など健康をテーマにしたものが選ばれました。

〔3〕ウォークイベントと健康イベント

二〇一九年五月にウォークイベントが開催されました。「さなぎるど」から中谷さんを含め五名の方が参加。そのうち三名は前年も参加してくれた方でした。今回は私のゼミ生も参加し、ウォークイベントを応援してくれました。ゴール後はお待ちかねのじゃんけん大会がスタート。会場では中谷さんと参加者全員でじゃんけんする声が響いていました。ウォークに参加したシニアも興奮ぎみで大喜びでした。この様子を見て次回のウォークイベントは、イベント全般的に「さなぎるど」

じゃんけん大会での中谷さん（左）と高木さん

上の写真の５か月後の高木さん

に企画してもらおうと決めました。

外出ができる当事者の場合、こうしたイベント活動などの社会活動に参画し協力する経験を通じ、誰かのために自分が役に立っていることが自覚でき、他者から承認されることが自己肯定感を高めることにつながると確信しています。私自身、当事者がどんなことでもいいから社会と接点をもつことがいかに大切か、痛感した瞬間です。

当初、私は〝支援する側〟という意識で彼らと関わっていました。ところが次に紹介する一〇月のウォークイベントを彼らと一緒に経験することで、〝支援する側〟ではなく、むしろ助けられており〝支援される側〟に代わっていることに気づきました。お互いにとって〝win, win〟の関係づくりが築けたと実感しました。

同年一〇月に開催するウォークコースに、お寺や神社に立ち寄るポイントがあり、さなぎるどは、神社仏閣に関するクイズラリーを新たな企画として考案しました。今回協力してくれた当事者は六名で、二名が初参加。例えばある神社に寄った際、担当の当事者が神社にまつわる話をし、参加者はそのガイドを聞きながらクイズの答えを探す。参加者の中にはウォーク中に参加者同士で話し合う姿もあったようです。「さなぎるど」が毎月発行する広報誌『さなぎるどつうしん』一一月号には、「自分たちで準備した企画を多くの参加者に喜んで貰えて、本当に嬉しかったです」と中谷さんが感想を述べていました。私自身、知らなかったことですが当事者のメンバーで「コース誘導組」を結成し、迷いやすいポイントへの先回りやトイレ等で遅れた参加者をフォローしてくれました。大きな問題もなく無事にウォークイベントを終えることができたのは、彼らの自主的な行動のおかげといっても過言ではありません。本当に企画成功の影の主役といえるでしょう。

二〇一九年五月と一〇月の二回のウォークイベントを通じ、中谷さんをサポートする当事者の高木さんに変化が見られました。一〇一ページ上の写真は五月のじゃんけん大会の様子です。向かって右側が高木さんです。写真をよく見ると拡声器を持って元気に喋る中谷さんとは対照的に、彼から少し距離をとり、部屋の隅っこに立っているのがうかがえます。一方、同ページ下の写真は一〇月のクイズラリーで説明する高木さん。拡声器を持ちしっかりとガイドしています。直接、高木さんに確認したところ、「五月のイベントは初めての参加で、進行状況もわからず、受け身な気持ちで参加しました。一方、一〇月では、事前に『さなぎるど』のメンバーでクイズラリーの内容を検討し、当日、多くの参加者の前で説明をし、自分たちでウォークイベントを盛り上げ能動的に参画している実感がありました。終わったあと、今まで感じたことがない達成感があった」と話してくれました。あらかじめ自分たちでイベントを考え、お互いに役割を決め、責任をもって遂行する。当事者は自分の得意分野で活躍し、やりがいを強く感じることができ、こうした経験を通じ自己肯定感が高まると思います。

ひきこもりの人が現状から抜け出す最初のきっかけは、まずは他者に出会うことです。家から一歩出て他者と関係を結ぶこと、できるだけ親密な関係性を持つということが大切です。「親密な関係」とは斎藤環さん（『ひきこもりはなぜ「治る」のか?』二〇一二年、筑摩書房）によると、「安心できる関係」としています。「さなぎるど」は、こうしたくつろげる関係づくりを他者と持てることを意識して運営されています。自己肯定感が低く自信が乏しい彼らにとって、自信を回復するのに必要なのは、難しい資格や高い学歴などを得て社会的名誉を挽回(ばんかい)することではありません。重要な他者から承認され、自分を受け入れてもらうのが最善の方法と斎藤さんは述べています。家族がどんなに本人を褒め、承認してあげたとしても、それはある意味当然のことであり、「ありがたみ」が薄い場合もあると思います。持続的に他者から肯定あるいは承認される人間関係を築くことが自信の最大のよりどころです。

健康イベント

二〇一九年六月、私から中谷さんに健康に関するイベントを持ちかけ実施することになりました。そこで、アイデアマッピングゲームによりアイデア出しを行ったところ、カラオケ、スポーツ、自然の中での食事など、何かを発散したいような気持ちを具現化するようなアイデアが多い反面、人と触れ合うことが少ない空間を選んだアイデアも多く、ひきこもり当事者らしいと中谷さんは感想をもらします。

これら多くのアイデアからさらに絞りこんだアイデアを写真に示します（一〇五ページ）。健康的な栄養のある食べ物を料理し、作った食べ物を食べながら話し合いすることが決まりました。つまり、こころもからだも健康にするイベント、その名も「ここから」となりました。そこで、いつも

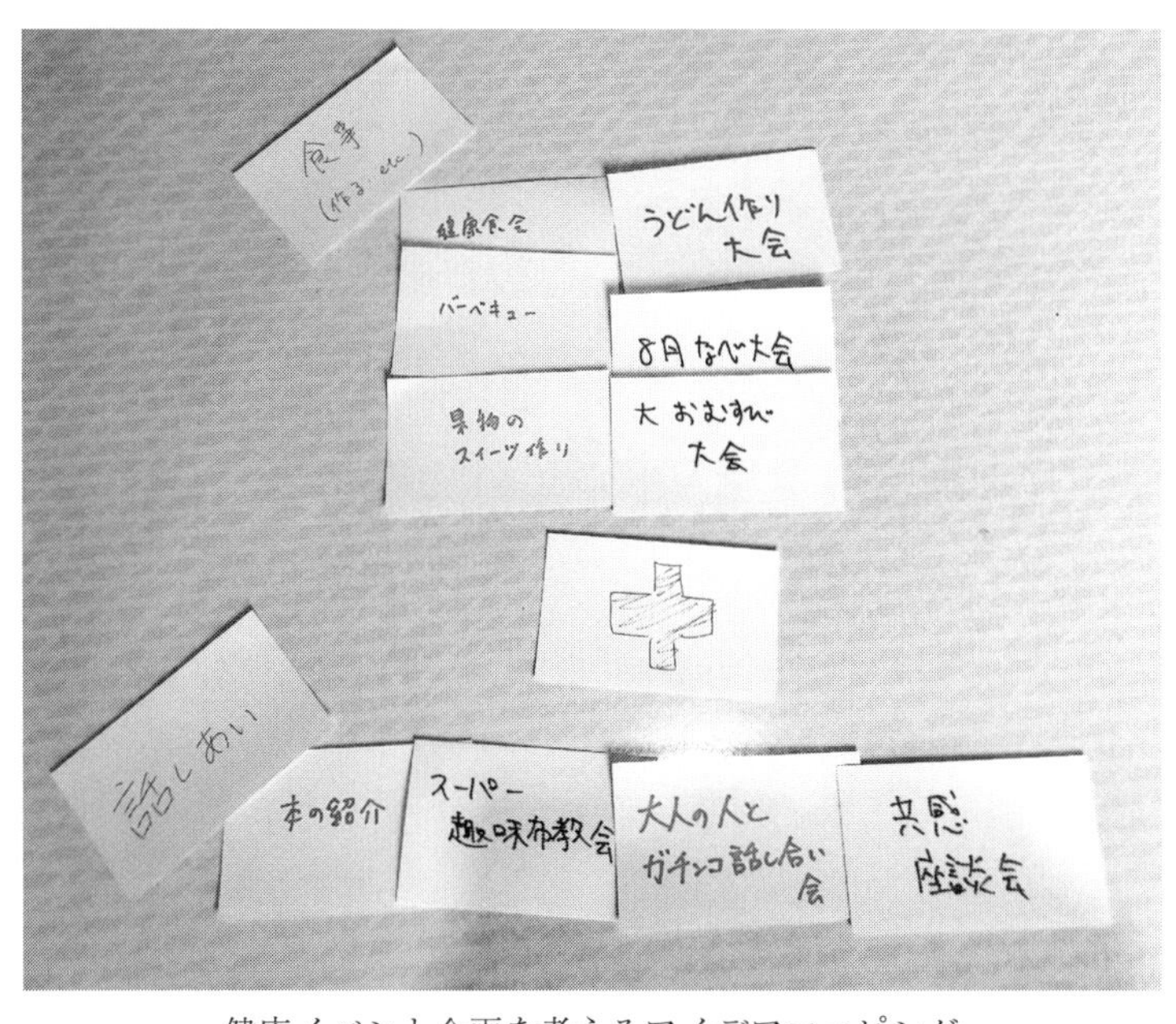

健康イベント企画を考えるアイデアマッピング

お世話になっている管理栄養士の田貝泉さんに相談し、田貝さんは中谷さんとも打ち合わせを行いました。その結果、イベント第一部は管理栄養士の在路桃佳さん指導のもと、おからパウダーを使ったサブレとスムージーを作ることに決まりました。調理ができる会議室をもつ介護食を扱う三嶋商事さんにお願いし、中谷さんと下見をしました。

　同年八月下旬「ここから」が開催され、当時のメンバー八名全員が参加されました。広報誌『さなぎるどつうしん』一一月号にも「さなぎるど結成後はじめて全員集合」と記されていました。その原因を「今回の企画はふだん居場所で実施している活動の延長的な企画」と中谷さんは分析。大阪虹の会の親と支援者の計一一名が参加されました。

〔4〕立場交換ゲーム

イベント第二部では当事者とひきこもりの子を持つ親の立場を交換し、双方が本音を語る立場交換ゲーム、その名は「フィーリングギャップル 子 対 親」を行いました。当事者数人と別の当事者の親数人で一つのグループをつくり、グループごとに当事者は親の立場、親は当事者の立場を想像し表現するゲームです。中谷さんにイベント名の由来をたずねると、むかしテレビ番組であった「フィーリングカップル 五 対 五」にギャップを混ぜた上で、その番組の趣旨である「繋ぐ」という意味を子と親に付与したとのことでした。企画の目的としては、当事者とひきこもりの子を持つ親に本音で交流してもらうことです。毎日顔を合わせる親と子の関係では、なかなか本音で語ることが難しくても、赤の他人同士だと言いにくいこともしゃべりやすく、お互いの気持ちが通じると思います。どの部分にギャップがあり、どの部分が合っているのかを確認することができます。この企画の目標はひきこもり当事者とひきこもりの子を持つ親の間にあるギャップを埋め、子と親を繋ぐことです。以下、企画した中谷さんのコメントを中心に紹介します。

立場交換ゲームでは、当事者は、親の立場になり「子どもにどんな支援が必要なのか？」を考えてもらいました。一方、親は、ひきこもりである子どもの立場になり「親からどんな支援が必要なのか?」を考えてもらいました。なお、知らない場所で関係の薄い人と同じ机でワークをする際の緊張感を考慮して、当事者だけはイベント当日を迎える前から本音を考えてもらいました。本音を出すことを苦手とする当事者に対しては、個別に会話をして本音を引き出すよう工夫を凝らしました。

　さて、それでは立場交換ゲームの結果をみていきます。一〇八ページの図のテーマA「家庭環境に悩む当事者へのアプローチ」を例にとると、親の立場になった当事者の意見は、「楽しめることを考えてあげる」「趣味や好きなことに興味をもつ」「話しかけ必要な何かを一緒にする」など子どもに援助する意見でした。一方で子どもの立場になった親の意見は、「子どもの話を聞く」「困っている時に助ける」「寄り添って話を聞いてくれる人をひとりでも見つける」など、子どもに寄り添い、つらい気持ちを共感し見守ってほしいという意見でした。当事者の意見と親の意見に大きなズレはなく、両者の意見からグループ名を「話を聞く」としました。

　次のグループを見てみると、子どもの立場になった親の意見は、「黙って寄り添う」「気を遣いすぎない」「余計なことを言わない」「同じこ

「フィーリングギャップル 子 対 親」

図　立場交換ゲーム結果

テーマＡ「家庭環境に悩む当事者へのアプローチ」

「話を聞く」	
【当事者の意見４件】	【親の意見６件】
楽しめることを考えてあげる 趣味や好きなことに興味をもつ 話しかけ必要な何かを一緒にする どのようなストレスがあるのか話を聞いてあげる	子どもの話を聞く、困っている時に助ける 寄り添って話をきいてくれる人をひとりでも見つける つらい気持ちに共感した上で見守る、信じる 本人の好きな食べ物を本人の気持ちに添って一緒に作る 何が大きなストレスになっているのかを考え、ストレスから解放する
「接し方」	
【当事者の意見０件】	【親の意見７件】
	黙って寄り添う 気を遣いすぎない 余計なことを言わない 同じことばかり言わない ペースを尊重して乱さない 細かなことを言わず少し放っておく あまりひきこもり状態を意識し過ぎずに、お互い対等に過ごす

とばかり言わない」など、子どもの接し方に関する意見でした。日ごろ、家庭内で子どもの接し方にいろいろと苦悩されている親の姿がうかがえます。親の意見が七つあった一方で、このグループに関する当事者の意見は一つもありませんでした。親の意見からグループ名を「接し方」としました。

つまり、親の立場になった当事者の意見は、子どもにいろいろと気を遣いながら接するという意見がなく、当事者自身は、親にあまり気を遣ってほしくないという結果と考えられます。先の当事者の意見「楽しめるこ

図　立場交換ゲーム結果

テーマＢ「社会復帰に悩む当事者へのアプローチ」

「関わり方」	
【当事者の意見４件】	【親の意見４件】
道筋だけ示し放置する 焦らずゆっくり子どものペースで伝える 外に出ることを考えていても、大きな気持ちで見守る 自分が何をしたいのか、今は分からないがそのうちに分かるからと伝える	焦らないことを促す ネットの書き込み、投書、ウィンドウショッピングなど、ゆるい関わりを見守る まずは家庭で会話をする練習する 「好きなことをしたらいい」、「焦らなくてもいい」は言いすぎない
「仕事に就く」	
【当事者の意見５件】	【親の意見２件】
「学校は勉強」「仕事は能力主義」という姿勢で教える 働く前に職場で何日か体験してみる 初めての仕事に就いた時、仕事の流れをしっかり教える 仕事仲間は目的が一緒なので、一応仲良くする 仕事を覚える時はメモを用意し、説明が分からなくても一生懸命聞く	理解者のいる近所の事業所を開拓し、仕事の選択材料を増やす やさしい仕事でも、複雑な仕事でも子どもから頼れるように促す

とを考えてあげる」「趣味や好きなことに興味をもつ」など、当事者は親に自分たちの声にしっかりと耳を傾けてほしいという意見がある一方、「接し方」においては、あれこれと気を遣いすぎはしてほしくないという意見があり、当事者と親の意識のギャップが顕在化しました。

次はテーマＢ「社会復帰に悩む当事者へのアプローチ」についての結果です（上の図）。親の立場になった当事者の意見は、「道筋だけ示し放置する」「焦らずゆっくりと子どものペースで伝える」「外に出ることを考えていても、大きな気持ちで見守る」など、干渉しすぎずそっと見守るといった内容でした。一方で子どもの立場になった親の意見は、「焦らないことを促す」「ネットの書き込み、投書、ウィンドウショッピングなど、ゆるい関わりを見守る」など、当事者と同様に干渉しすぎず、子どもを見守るといった内容でした。両者の意見からグループ名を「関わり方」としました。「見守る」や「焦らず」という意見が両者からでており、当事者と親の考えが近いと思います。

次のグループを見てみると、親の立場になった当事者の意見は、「学校は勉強、仕事は能力主義という姿勢で教える」「働く前に職場で何日か体験してみる」「初めての仕事に就いた時、仕事の流れをしっかり教える」など、仕事に就くことへの不安な当事者の気持ちが表れました。一方で子どもの立場になった親の意見は、「理解者のいる近所の事業所を開拓し、仕事の選択材料を増やす」「やさしい仕事でも、複雑な仕事でも子どもから頼れるように促す」仕事に就くための準備に関する意見でした。グループ名を「仕事に就く」としました。四つのグループの中で当事者の意見がもっとも多く、親の意見がもっとも少なかったのが「仕事に就く」グループでした。当事者は就労への意識が強く、「働きはじめた時に仕事が上手くできるか」「職場の人間関係」など、就労への不安な気持ちがあります。その一方、親の意見は「仕事に就くのはまだ早い」と考え、「居場所」に行き当事者同士の交流を通じ、自己発揮してほしいと考えているようです。ここでも「仕事に就く」という意識のズレが顕在化しました。

〔5〕仲間との出会い、動くことの「楽しい」化

支援団体と当事者団体の関係

ひきこもり支援センターなど行政の支援機関が行う支援活動とは、支援機関がその支援対象者にとってあるべき姿を想定し、その状態までさまざまな形態で関わることを意味していることが一般的です。もっと踏み込んで言いますと、現在は望ましい姿ではなく支援対象者を望ましい姿に近づけていくことが支援活動だと認識していることが多いのではと、『下流老人』の著書である藤田孝典さん（藤田孝典『中高年ひきこもり』二〇一九年、扶桑社新書）は考察しています。一方、自助グループによる当事者活動は、当事者同士であるため、支援者は介入しません。私も「さなぎるど」の決め事に立ち会うことはありますが、提案はもちろんするものの、自分からは意見を押し付けることはしません。「上から目線」で助言することもほとんどないと思います。原則的には、参加者を支援対象者にしないのが一般的です。

あくまでも交流や自分たちで決めたイベントに参加する中で、自分たちの意思で何かを感じたり、意図を汲み取りながら、相互に情報を得て生きづらさを和らげていると思います。ひきこもり当事者で自殺未遂を繰り返していた泉翔さんが、彼を救ってくれたのは支援者ではなく、同じ苦しみを抱える仲間との出会いであったと述べています（泉翔「スタートは生きる〝意欲〟をもつこと」『福祉

のひろば』一一一—一一六、二〇一九年、総合社会福祉研究所)。当事者には当事者なりの悩みや価値観があり、就学や就労といった一般的な価値観を押しつけても逆効果を招きかねません。親や支援者に求められることは、当事者が何に関心や興味を持っているのか、しっかりと観察することだと思います。そして受け入れることが肝心です。

ピアサポートの「ピア」とは同じような立場にある仲間という意味です。日本ではアルコール依存や薬物依存など、様々な依存症は、いまや当事者の自助グループにつながることが必須とされています。しかしながらひきこもりの場合、専門家等による支援活動は以前に比べるとプログラム化され整備されつつあります。その大まかな目的は、外出の機会→居場所→中間就労→仕事へと、仕事一辺倒ではないが、社会復帰することがゴールとしています。

リハビリテーションを専門とする私自身も、社会復帰がゴールと当初は考えていました。しかしながら自助グループと関わることで、専門家等による支援団体が社会復帰の仕組みを構築する中、当事者の自助グループも資源として捉えなおす必要性があると強く思うようになりました。当事者のことは当事者が決めるスタイルの確立が本来の姿と考えます。

「さなぎるど」では社会復帰をあえて勧めず、その空気を感じさせないような企画・運営を行っています。理念として「動く」を「楽(しい)化」するとし、これまで紹介してきましたが、活動することを楽に楽しくする工夫がされています。また、「ひきこもる」ことについてもマイナスと捉えず、「ひきこもる」ことを「楽(しい)化」することも活動理念に掲げられています。

表　居場所に求められるもの

- 居場所があるという安心感
　→居場所に行けば、どんな困難な状況を抱えていても受け入れてもらえる。
- 当事者同士の仲間づくり
　→ひきこもり当事者だから分かることを話し合って仲良くなる。
- 自己表現、自己実現の場
　→居場所にイラストを掲示したり、趣味のものを展示する。
- 公的機関や医療機関等の情報提供
　→社会復帰や定着していくための手助けをする機関を把握する。
- 終着点でなく通過点
　→来ている方を引き留めるのではなく、ほかによい場所が見つかれば送り出すようにする。

こうした活動を通じ、〝心の元気〟と〝自己肯定感〟が育まれると中谷さんは言います。自己肯定感が低い親や決まった価値観や固定概念が強い親だと、家族との関係があまりいいとはいえず、適切にコミュニケーションを図るのが難しくなります。「ひきこもり＝怠け者」というレッテルがあり、当事者が自分自身を徹底的に「ダメな人間」「役に立たない人間」と責めていることも少なくありません。周りの人からの視線を気にして不安を感じやすく、「自分みたいな人間が外を歩くのは申し訳ないので、端っこしか歩けない」など、多くの場合は生きづらさを感じています。これ以上、社会にいたら自分は死んでしまうので、命を守るために社会から距離を取り、生きるためにひきこもっていると思います。

叱る親、しつける親、批判する親。ここでは何が正しいかといった価値観や固定概念は関係ありません。もはや世間一般的な正論は通じません。正論をいう親が本人にとっては「悪い親」となってしまう恐れがあります。正論でなく思いやりと共感を持ってすべてを受け入れてください。とにかく安心してひきこもれる環境を作っていただければと思います。

ひきこもりなどの様々な原因で生きづらさを抱える当事者同士の活動をされているマイメロさんが居場所をテーマに紹介した資料を紹介します（前ページの表）。マイメロさんによると、当事者にとって居場所に求められる上位は「安心感」「仲間」「自己表現」としています。今後、支援団体と当事者団体が連携し共創し合う関係づくりが必要だと思います。

インターネットとの関係

インターネットやSNSが普及する中、ひきこもったまま外の世界の人たちとつながることが容易になりました。外出が困難な当事者でも、インターネットで外界の人たちとつながることは大切だと理解する必要があります。藤田さんは、在宅勤務で仕事が可能となった現在、「ひきこもりながら生きていけるようにすればいい」と言及しています。マイメロさんもインターネットのオンラインで当事者同士の座談会を開催しています（「オンライン当事者会の詳細情報」https://recovery-japan.org/event/detail/event_id/562/〔二〇二〇年一月三日参照〕）。親に先立たれ外に出られない残された当事者が生存を維持していく上では、インターネットが果たす役割は小さくないと思います。

長期化・高齢化するほど当事者もその親も周囲から孤立を深める傾向にあり、地域や外界とのつながりが一層難しくなります。インターネットも活用しながら、専門家や当事者とつながる環境づくりが求められるのではないでしょうか。

参考・引用文献
一般社団法人ひきこもり支援相談士認定協議会ホームページ　http://www.khj-hsc.org/sm/（二〇二〇年三月一〇日閲覧）
斎藤環『ひきこもりは「治る」のか？』二〇一二年、筑摩書房
藤田孝典『中高年ひきこもり』二〇一九年、扶桑社新書
泉翔「スタートは生きる〝意欲〟をもつこと」『福祉のひろば』一一―一六、総合社会福祉研究所、二〇一九年
オンライン当事者会の詳細情報　https://ikidurasajapan.club/eventsearch/detail/s_event_id/70　（二〇二〇年一一月三日閲覧）

3 ひきこもり、人として生きるための協同

石井 守

〔1〕ひきこもり当事者への支援のあゆみ

「ひきこもり」のような現象は、半世紀ほど前から、新入社員や大学生の「五月病」（新年度の始まる四月からひと月ほど過ぎたころに気力や意欲が減退）や「アパシー」（物事に関心がわかない状態）などとして問題になってきました。また、学齢期の子どもたちの場合は登校拒否・不登校（以後、不登校）が、「学校恐怖症」や「母子分離不全」などといわれ、特に欧米で医師・研究者の中で注目されていました。ただ当時はいずれも希少な現象でした。それらが徐々に増え、わが国でも目立つようになっていったのは一九八〇年代以降のことだろうと思います。統計のはっきりしている不登校で見ると、七〇年代まで一〇〇〇人程度だった毎年の増加数が、八〇年代には二〇〇〇～四〇〇〇人程度に増大し、九〇年代になると、それはさらに三〇〇〇～五〇〇〇人に増え、以降、毎年の増加数が一万人以上の年もあります。不登校が増加していった時期に、ひきこもりも若者の中に広まりました。

一九八九年、私は教職を辞め、子どもや若者の集まる「居場所」として、「石井子どもと文化研究所」を開設しました。当時の学校は「非行」「いじめ」などの「荒れ」が大きな問題で、増え始めていた不登校問題に対応する余裕がなかったように思います。教員も親も頑張っているのに学校が「荒れる」、大阪市内だけでなく周辺の府下各市や奈良市などでも「学級崩壊」が起こっていました。「荒れる」子どもの中に「夜驚症（やきょうしょう）」や「パニック障害」の子がいることを知りました。不登校のほかに「緘黙症（かんもく）・寡黙症」の子も目立つようになりました。

一人ひとりの子どもは悪くない、荒れの原因は学校教育の中にあるのではないか、不登校とも関係しているのではないかと考え、学校の外から「学校」を見ようと退職したのです（拙著『ひきこもり・青年の出発』二〇〇五年、新日本出版社、第2章）。偶然にこの年の暮れ、元号が昭和から平成に改元されました。

あれから三〇年をこえましたが、ひきこもりも不登校もいぜんとしてなくなりません。小学校と中学校の不登校率の推移をみると、二〇一二年以降、不登校率が増加しています（図1、2）。中学校より小学校の方が増加傾向が大きくなっています。

二〇二〇年一〇月二二日、文科省は「問題行動・不登校調査」を発表しました。前年比一万七〇〇〇人の増加で一八万一二七二人、前回二〇一二年に比べ一・六倍と過去最高になったと報告しています。特に小学生は、在籍数三九・六万人減の中、二万一二四三人から五万三三五〇人と増え、その伸びは二・五一倍にもなりました。ちなみに、いじめの件数は小・中・高・特別支援学校の総

図1　小学校の不登校率

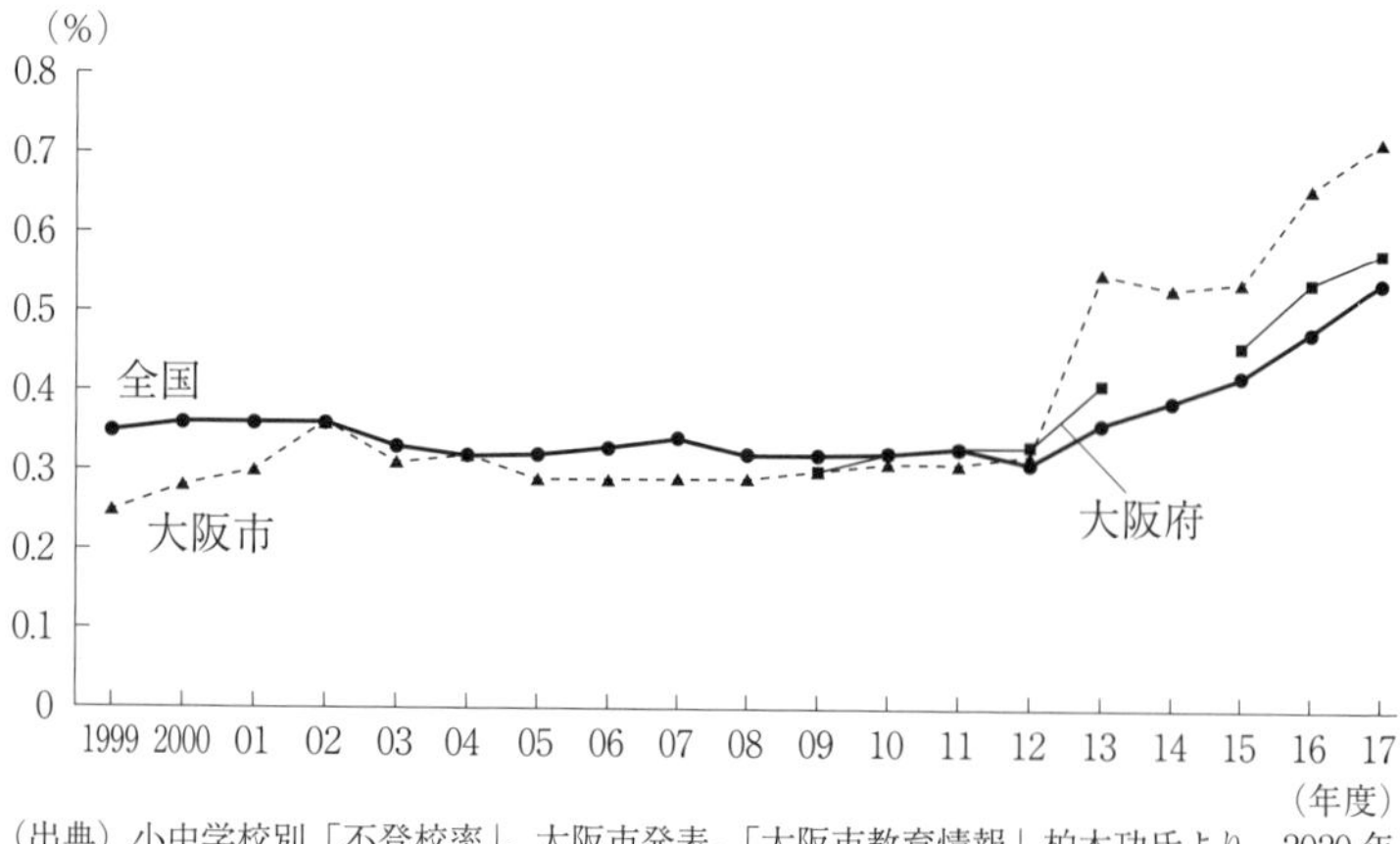

(出典) 小中学校別「不登校率」。大阪市発表。「大阪市教育情報」柏木功氏より。2020年

図2　中学校の不登校率

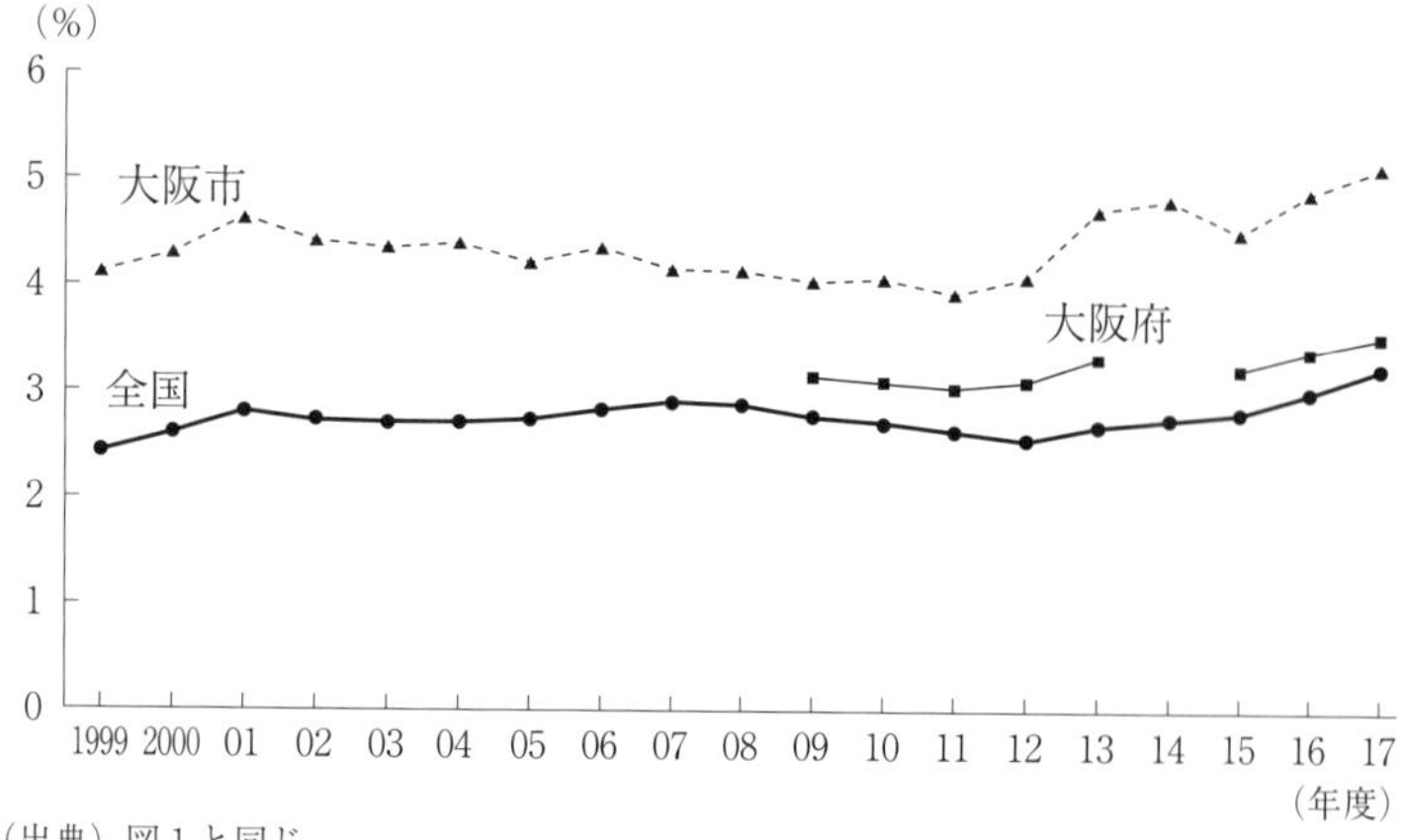

(出典) 図1と同じ

計で過去最多の六一万二四九六件、特に小学校で四八万四五四五件と不登校と同じく低年齢化が進んでいることが目立ちます。

図1、2を見ると不登校の生徒の数は、近年さらに増え続けていることがわかります。ひきこもりにもつながる不登校が、わが国でなぜ多いのか、その要因にはさまざまなことが考えられますが、少なくともその一つとして、子ども（子どもだけでなく若者、あるいは中高年の人々も含まれると思いますが）をさいなんでいる「生きづらさ」があるといえるでしょう。それは、不登校やひきこもりの当事者と接してきた三〇年以上の自分の経験における実感です。

ひきこもりの当事者をどう支援すべきか、その方法も制度もいまだに整備されているとはいえません。しかし、本書の他の章でも紹介されているように、支援の現場で得た知恵として、ひきこもる当事者が、無理に「ひきこもり状態を脱出」する必要はないと、私たちは考えています。ひきこもりは当事者の心掛けの問題などではなく、当事者を取り巻く環境の中にひきこもらざるを得ない要因があることが少なくありません。そうした当事者に、外から力を加えてひきこもりをやめさせようとすることは、むしろ状態を悪化させる、これも私たちが支援の現場で実感していることです。

ひきこもったままであっても、当事者が元気になる、やりたいことが見つかる、当事者にとって無理のない範囲で何かをすることができれば、それは悪いことではありません。それをサポートするような制度が公的なものも含めて求められていると考えています。

しかし当事者はもちろん、当事者を支えている家族は間違いなく年齢を重ね、少ない年金だけの生活に入る家族も増えています。先のない生活を苦にした親や当事者の悲惨な事件も起こりはじめています。ひきこもりは、今や「八〇五〇問題」として緊迫した社会問題になっています。

〔2〕支援組織の全国的な連絡会結成

増えだした「ひきこもり」に、一九八〇年代の中ごろから家族や教育関係者などによって支援グループができ始めました。さまざまなカウンセラー、相談所も生まれました。私の研究所も不登校の子どもやひきこもりの若者が集まり、親や教師の相談場所となりました。この頃はまだ、当事者の気分や思いも十分に研究されていませんから、支援の方法も手探りで、各自個別に行っていました。

この状況で不登校やひきこもりを利用して暴利を上げる「支援者」さえ現われました。本人の意思を無視し、強引に登校させる「支援」、若者を家から他所に連れ出す、いわゆる「引き出し屋」が関係したトラブルなども報道されています。そうしたケースでは、支援施設の中で子ども・若者が犠牲になる痛ましい事件さえ起きました。

当時のひきこもり支援の様子を、朝日新聞の塩倉ゆたか氏は二〇〇三年に次のように紹介しています。

「援助活動にはいくつか種類があって大きく分ければ公的機関と民間機関があります。場所で言えば、例えばカウンセリング機関や病院やクリニック、精神保健福祉センターや保健所。人で言うと臨床心理士、精神科医、福祉のワーカー、教育関係者などに加え、民間の専門職的な人がいます。ほかに民間機関では共同生活や就労訓練を前面に出したところ、訪問を前面に出したところ、それらを複合したところもあります。

それから、援助者が運営する親同士や青年同士のグループも増えています。またこれとは別に、援助の枠に入らない動きとして、援助者抜きで親同士や青年同士が集まるグループがあります。後者を私は青年サークルと呼んで特に注目しています。最近では、ＫＨＪのような親の会の全国組織が出来たこと。また、様々な形で当事者や体験者と呼ばれる人が集まる場所ができたことが注目されます」(『世界』二〇〇三年九月号、二一四ページ、座談会「ひきこもりを考える」)。

二〇〇二年、山本耕平氏(佛教大教授)や東京三鷹市の佐藤洋作氏(ＮＰＯ文化学習協同ネットワーク主宰)らの呼びかけで、この問題に関する支援組織の全国的な連絡会が当事者の家族や支援者たちによって結成されました。ひきこもり支援に関わっていた私も呼びかけ人の一人として参加しました。これが全国社会的ひきこもり支援連絡会議(現・若者支援全国協同連絡会)です。

ひきこもりをはじめとする若者支援に関わる現場の人びとが、学びあい、議論することを通して実践・運動を育んでいくことのできる場の構築を目指す全国組織で、二〇〇六年二月に第一回全国交流会を開催し、以来、毎年全国集会を各地で開催してきました。

〔3〕近畿交流会の結成と活動

二〇一四年二月、第九回全国交流会が大阪で、「ひきこもり支援から出発して広範な若者支援へ」をテーマに開かれることになりました。前年の夏から集会準備のための現地実行委員会が何度か開かれ、著者の関わる、ひきこもり支援を続けてきた「社会福祉法人つむぎ福祉会」は、多くの職員が準備段階から参加しました。近畿一円から支援者・グループが集まる中で、当時、私たちとつながりのなかった若い支援者が増えているのに驚きました。特に目立つのはひきこもりを経験した支援者たちです。ひきこもりの支援者と関心を持つ人が増え、ひきこもりが社会問題として大きく広まったことを強く感じさせられました。

「協同」活動を広く

この会に集まった近畿地区の支援者・支援機関から、今後も学習・交流を続けようとの声が出始め、地域交流会設立の準備が始まりました。設立集会は二〇一五年五月、大阪市で約三〇名の参加で開かれ、ここから「社会的」ひきこもり・若者支援近畿交流会（以後、近畿交流会と略称）が正式に発足しました。当事者の若者を中心にイベントを行うことを大きな方針とし、そうした活動にすでに取り組み、その記録も出版していた堺市の森下博氏の記念講演を聞きました（本書Ｐａｒｔ

2の1も参照)。当面の活動内容として、「ひきこもり支援者・所マップ(以後、マップ)作り」などが確認され、若者中心の活動体制ができました。

全国に散らばっている支援者・グループの多くは個人か少数グループで社会的にも目立たず活動しています。このような状態で活動を続けるには、互いに協力し合う「協同」が絶対必要です。ただ全国交流会は広域な団体であり、頻繁に時間をとって集まるのは難しいという意味で、交流・協働に制約を伴います。集会で、素晴らしい事業の案や行政との上手な連携など貴重な体験が発表されれば、参加者はもっと詳しく聞きたい、具体的な助言や援助がほしいと思いますが、時間が少なく交流するチャンスをつくりにくい場合もあります。

それで、身近な情報の交換や参加者の誘いあいが可能な規模と範囲が論議され、近畿圏で連絡組織をつくろうということになったのが近畿交流会の発足の動機でした。支援者・グループの個々の特徴を生かした協同で、新しいイベントや事業に取り組み、日常的な交流で連携を深めることを近畿交流会の活動では大切にすることを確認しました。

生きづらさ、ひきこもりは「社会的」

近畿交流会は「この会の目的は、近畿地区の『社会的』ひきこもり(統合失調症など精神疾患があるのではなく社会的要因でひきこもっている場合を指しています)など困難な状況におかれた若者たちと、そのような若者を支える支援者・支援機関が、多様な協同を通じて、若者の自立とより生きやすい社会の創造を目指していくことです」とし、さらに次の活動を掲げました。
①近畿地区の支援者・支援機関の学習・交流の場として、定期的に交流会を開催するとともに、年一回程度の近畿地区「社会的」ひきこもり・若者支援のつどいを開催します。
②事務局内に若手支援者・ピアサポーター（ひきこもりの経験者または同じような感情・気分を持つ支援者）・当事者などによるプロジェクトチームを設置し、各種プロジェクト（事業計画や研究）を推進します。
③若手支援者・ピアサポーターの人材育成を、行政や社会福祉協議会、民間企業などの関連機関と連携しながら実施します。
④行政・研究機関・企業などとの連携を図り、協同実践のためのモデル事業（中間的企業）を推進します。中間的企業とは、報酬がない事業でなく収益を伴う事業を指します。
⑤全国若者・ひきこもり協同実践交流会に積極的に参加するとともに、若者支援全国協同連絡会（現・一般社団法人若者共同実践全国フォーラム）の運営について提言を行います。
⑥その他目的の推進にかかる事業を行います。

〔4〕若者が育てる

若者自身によるマップ・プロジェクト

近畿交流会は支援者・機関の協同を進めるため、まず支援機関・者を紹介するマップ作りと、恒常的に交流会を開催することに取り組みました。

マップは近畿圏にある支援機関・者やそのグループが持っている地域資源の情報を掲載するのです。施設の様子、活動の実際や運営者の思いを住所・地図と共に紹介します。支援機関を利用しようとする当事者にとって、自分に合った機関・施設にはなかなか出会えないという声もあって、この企画を進めました。各地に隠れるようにして活動している支援グループは、相談支援、就労支援、学習支援から居場所や自助会活動、農作業や表現活動などそれぞれ個性的で特徴を持っています。グループの状態を明らかにすることは当事者や家族だけでなく支援者・機関にとっても有効です。マップ作成にあたっての調査には、必ずひきこもり体験者・当事者が一名以上参加すること、施設の聞き取りと観察は必ず複数であたること、支援・施設側の意図や思いを尊重すること、などを絶対条件としています。

マップ作りのリーダーの一人だったこの交流会の泉翔副代表は、漆葉成彦・青木道忠・藤本文朗編著『何度でもやりなおせる――ひきこもり支援の実践と研究の今』(二〇一七年、クリエイティブ

かもがわ）のなかで『ひきこもり・若者支援機関マップ』をつくろう」と題してマップ作りの思いを書いています。少し長いですが若者たちのマップ作りにかけた思いを理解していただくため何か所か引用します。

「これまでも、各都道府県や地方自治体単位で支援機関をリスト化したものは発表されてきましたが、現在では交通網の整備や情報伝達手段の発達により、自身の居住地とは別の自治体の支援機関とかかわりをもつ当事者が増えています。そこにはミスマッチなどさまざまな理由から自身の居住地での支援に限界を感じ、自身に合う支援を求めさまよう当事者の姿が浮かび上がります。このような当事者のニーズに、これまでの自治体単位のリストだけでは応えられなくなってきています」（三六ページ）。

「当事者・経験者が深く関与することは、マップ作製において最も重要だと考えています。それはかつて多くの当事者が、利用価値のない情報があふれているという感覚をもち、絶望していたからです」（三九ページ）。

泉さんは支援機関とされるさまざまな組織について、立場によりそれらをどう評価するかのギャップが生じていることを指摘しています。つまり「当事者（受益者）と、行政や家族、支援関係者で、『支援』の評価がしばしば異なる」というのです。泉さんによれば、「行政や支援者は、評価の基準に『ナレッジ（知識）』や『スキル（技術）』を重視します。支援の立場から当然でしょう。しかし当事者のかかわる中で感じるのは、これらの基準で高く評価された支援機関や支援者が、当事者からも高い評価を受けているとは限らないことです」と、立場・見方によって評価基準が違うことを紹介しています。とくに次の指摘は当事者以外の人にとってじっくり考えてみるべき内容を含んでいるように思います。

「当事者が重要な基準としているのは、簡潔に言えば『マインド（精神・理念・哲学）』。当事者が社会とのかかわりを断って『ひきこもり』をしている大きな要因の一つは、数値化されるスキルやナレッジのような基準のみで自分自身を評価される生きづらさだからです。支援における評価基準がそのような社会の縮図になっていれば、受け入れがたいのは当然でしょう」（三九〜四〇ページ）。

「支援」の中身が生きづらさを生んでいる社会のありようと相通ずる視点で評価されていたのでは、当事者にとって違和感をおぼえる「支援」にしかなっていかないのではないか――泉さんの鋭い指摘に深く考えさせられました。

マップ作りはこうした視点から、企画から製本までのすべてを、当事者を含む若者たちが実行することを原則としました。近畿交流会はマップ作りを進める若者たちに対し、ほかの支援者は口を挟まない、費用だけは心配掛けないように用意するとし、見守っていました。あくまでも若者たちが展開する事業にしたのです。

反響を呼んだイベント

完成したマップには約三五の施設・団体が掲載されています。これは私たちが連絡できる施設約一六〇か所の二〇パーセントにも満たないものです。にもかかわらずマップ作りの過程で支援者・機関どうしのつながりが急速に広まり深まっていきました。マップの完成を期して二回開催した啓発・学習イベントの果たした役割が大きかったと思います。集会の準備から運営のすべてを若者たちが行いました。第一回は「これからの連携のカタチ～ひきこもり・若者が描く未来～」と銘打って二〇一六年九月に大阪市内で開かれ、五〇人余りが参加しました。第二回は二〇一八年三月一八日　豊中市の後援を得て同市内で「ひきこもりコネクト――session & symposium」と題して開催（内容は別項参照）、私たちが期待した以上の一〇〇名を超える参加者があり、盛況でした。行政との連携もわずかですができ始めました。ＮＨＫなどいくつかのマスコミにも報道され反響を呼びました。参加した支援者・グループ、特に準備・運営に関わった若者たちには大きな自信をもたらしたように思います。

若者たちには、この二回のイベントを準備し、あるいは参加した若者の感想は、成功してよかったという安堵（あんど）感と自分たちで準備から当日の運営をやり切ったという充実感が共通してあるように

イベント「ひきこもりコネクト」の様子

思います。初めてこのような取り組みに参加した当事者の父親は、最後のプログラム「二四人のから騒ぎ」を見て、「何が飛び出すかわからない企画だったが、しかし大変面白かった。これが若者たちなんだと感じました」と語っています。

マップ作りと並行して交流会を続けました。集まりはこの組織が設立された年の九月から休むことなく隔月に開かれ、二〇二〇年一月で二八回を数えました。毎回新しい参加者やグループがあり、当事者も家族も参加するようになっています。この集まりが、支援者・グループのつながりを広げ、「マップ作り」を続ける力になったことは間違いありません。

「ひきこもりコネクト――session & symposium」プログラム概要

① 『ひきこもりと家族』
◇司会　古庄健（枚方市親の会世話人）
ひきこもり支援で家族会は大きな役割を果たしています。そのあり方について話し合いましょう。

② 『「ひきこもりくん」をゲーム形式で育てよう！』
◇ファシリテーター：中西淳（フリーランスデザイナー）
架空のケースひきこもりくんをベースに、こもりながらでも成長できる方法をみんなで考えませんか。

③ 『企業人と語り合うこれからの仕事のカタチ』
◇ファシリテーター：三浦雄己（社会福祉法人つむぎ福祉会）
企業の方をお招きし、誰もが働きやすい環境を作るための「仕事のカタチ」についてアイデアを出しあいます
（※各部屋に分かれて行います）

④ 『言葉の響きを聴くワークショップ＆食べる瞑想』
◇プレゼンター：inoue（そばアーティスト）×五條治（２児の父）
声を出す。体を動かす。食べ物を食べる。日常的にしていることに、意識を向けてみませんか？

⑤ 『行政関係者と考えるまちづくりワークショップ』
◇プレゼンター：是永宙（高島市議会議員）、竹内佑一（PSI カウンセリング　主宰）
行政で実施されている施策を聞いた上で私たちにできることをゲーム感覚で考えます。

⑥ 『「外」の居場所と余暇活動～ダイバーシティカップを例に』
◇ゲスト：川上翔（認定 NPO 法人ビッグイシュー基金　職員）
ひきこもり等、当事者向け以外の場や居場所について、ダイバーシティフットサルを例に考えてみます

⑦ 『これから若者支援を志す方のためのワークショップ』
◇プレゼンター：伊藤康貴（社会学者　現在長崎市立大常勤講師）

⑧ 『ひきこもりと教育問題』
◇ファシリテーター：宮城登（大阪市学校園教職員組合　執行委員長）
午後から全員集会「二四人のから騒ぎ」司会　竹内佑一

〔5〕楽しく自由に

協同の要・事務局をNPOに

近畿交流会の特徴は、活動の要が体験者や当事者を中心にした事務局にあることです。この事務局の決定が最優先されて交流会が進みます。運動を強めるため、事務局を構成していた若者たちを中心に関係していたサポーターも加わって、NPO法人を立ち上げることにしました。一年にわたる準備を経て二〇二〇年一月六日、ようやく承認されました。この非営利法人「社会的ひきこもり・若者支援近畿交流会」（以下、NPO交流会）の中心の仕事は、マップ作りと交流会を開くことは従来通りです。

毎週一度の事務局会議を行っています。課題はマップに新しい団体を追加するための計画、周辺の各団体の情報交換、連絡関係を作る手立てなどの話し合いです。欠かせないのは隔月の交流会の準備です。どのような課題があるか、さまざまな団体の動きを知ることが重要です。誰が司会をするか、時間帯をどうするかなど細かなことも準備します。さらに、各自から当面の課題が提案されて、それにNPO交流会はどのように参加するか検討されます。

活動計画を全体で決め、実行はその時の体調や気分で行動できる者が行う、これは全員が暗黙のうちに認めているNPO交流会の決まりです。会員はそれぞれ自分の活動グループを持っていますし、それぞれの活動スタイルに特徴があります。体調もそれぞれ個別の周期があって各自違います。必ず参加するという決まりでは活動できません。当然、毎週一度の事務局会議も参加は自由です。
事務局会議とマップ作りに参加した人には、数年前から法人から交通費を補助することにしました。事務局会議はこれで参加者が安定し、参加人数を多くしたと思います。

事務局を支える「アウローラ」

この法人のもう一つ大きな特徴は、事務局だけでは進まない部分を補う体制があることです。簡単にいえばこのＮＰＯ交流会を応援する人たちの集まりです。このつながりを「アウローラ」と名付けました。ここにはＮＰＯ交流会の会員もいますが会員ではない人が多数です。アウローラは特に組織としての形態をはっきりさせず、ＮＰＯ交流会の会員の数名が連絡しているだけです。生きづらさを持つ若者たちの活動は、リズムやテンポも一定に進まないことは当然です。進行中の仕事が滞って、企画が駄目に成りかねない場合には、アウローラがその仕事を一時的にサポートすることもあります。アウローラが新しい仕事を見つけ、この呼びかけで事務局が行動する場合もあります。

活動を若者たちの自主性に任せるとしても、事務局メンバーたちの就労状況は不安定な非正規、就労できない人もいます。当然、経済的にはきわめて不安定です。彼らから活動資金を集めることはできません。これを補うのはアウローラの最も大きな役割です。

これまでの活動でＮＰＯ交流会と繋がりのできた人は一〇〇名を超えています。交流会のイベントでつながった経営者の方々、随時開催した研究会・読書会の参加者、チューターや司会をしていただいた方、障がい者施設の職員や自営業の方など多彩です。活動範囲を大きく四分野に分け、それぞれの分野に居る会員が連絡・組織・企画などを担当し応援者（アウローラ）を広めていくことに努めています。

活動の四分野

①行政や公的機関等の若者支援事業と連携する活動
②当事者や体験者、未体験者も含めて若者の心情に共感し、生きづらさを癒す活動
③医療や教育など専門性に立って「ひきこもり」を考え、研究する活動
④企業や事業所等で経営・従事するその一端を「ひきこもり支援」に利用する活動

このうち①と②の分野は当事者・経験者を中心としたＮＰＯ交流会の若者たちが、③と④はアウローラが主に担っています。協力団体や協力してくれる個人を見つけ、活動費の援助、仕事や企画の情報などを交流会につなげなければ若者たちの活動は進みません。

ひきこもり支援の力は、社会のすべての分野にあると考えています。ひきこもりを社会全体の問題とし、支援の輪を広めることを目指しています。

（本書執筆当時、新型コロナ禍で若者たちの多くは身体の不調を訴え家から出られません。しかし次の行動を起こす準備をアウローラのメンバーを中心に進めています。）

参考文献・引用文献
漆葉成彦、青木道忠、藤本文朗編著『何度でもやりなおせる――ひきこもり支援の実践と研究の今』二〇一七年、クリエイツかもがわ

コラム　就労をめぐって

私は、特別支援学校で九年間進路担当をしました。その間、六〇人余りが企業就職しましたが三人が離職した後、ひきこもりになりました。

宏さんは、家具製造の木工所に就職しました。一か月働き、五月の連休明けに母親から、「先生、仕事に行かないと言っています」と電話が入りました。私は、五月病と予想して「休み長かったからかな、今日一日頑張るように」と話しました。宏さんは一日頑張って働きました。次の日も母親からの連絡で「仕事の話をすると震えがでるのです」と。

私は、すぐに本人から聞き取りをしようと家庭訪問をしました。笑顔が消えて話せず、三月末とは別人になっていました。しばらくゆっくり休むように話し、一週間後に訪問して聞き取りをしました。仕事にミスや失敗が多く、叱られる毎日で緊張し、昼休みは独りぼっちで話す

人は誰もないということでした。一か月休んでも回復の兆しがなく入院しました。

　香さんは、よく気がつく人でした。入社して一週間後に会社の人事課の方から「指示されないことでもよく気がついてキッチンの湯飲みを洗ってくれたりゴミ箱のゴミを集めてくれたり任務の仕事以外も頑張ってくれています」と聞きました。就職して間もなく普通自動車運転免許を取得するために仕事終了後、夜間に自動車学校に通い始めました。会社の送迎バスに乗るためには、早朝に起き、最寄りの駅まで自転車で四五分間走り、電車を乗り継いで会社の送迎バスが来る駅まで行く毎日でした。仕事に慣れてから自動車学校に行くように話をしたのですが、毎日早くから自宅を出るのと緊張に耐えられなかったようです。二か月が過ぎた頃に出勤できなくなりました。気配り、仕事、自動車学校と緊張する時間が長く、「しんどい」と言える人もなく、限界を超えていったのでしょう。一か月自宅でひきこもりをしてご両親の勧めで病院に入院しました。

　宏さん、香さんも五年近く入院し、現在は障害者作業所で元気に働いています。二人に就職した時のことを話してもらいました。「職場で自分は役に立っていないと感じた」「周りの人の目が気になった」「昼休みは独りぼっち」「休みの日は部屋で過ごした」でした。また、ひきこもっていた時に、親から「家にいるので、洗濯物を入れてくれるのが当たり前、食器を洗ってくれるのが当たり前」と言われたそうですが、本人の心の中は、「それどころではない」でした。

親や関係者はすぐに就労を考えがちですが、急がずに、本人自身が家族のために「役立つ自分」を感じることや、家族の中で「ありのままの自分」が認められることが第一歩だと思います。そのためには、まず、安心して「ひきこもれる」家庭や社会環境や制度が必須の課題だと思われます。そこには池田太郎氏（信楽青年寮）の説いた「四つの障害者の願い」①働きたい、②無用な存在ではなく有用の存在と思われたい、③みんなといっしょにくらしたい、④楽しく生きたい、にヒントがあると思えます。

小畑耕作（大和大学教授）

Part3　支援に必要ないくつかの観点

1　ひきこもりと精神科医療

漆葉（うるは）成彦

ひきこもりという問題は古くからあったと思われますが「ひきこもり」という言葉が、精神保健・医療の場で取り上げられることが多くなったのは一九八〇年代ごろからです。その後、様々な領域で調査、研究、支援の実践が行われてきました。私は、一九九七年から大阪府こころの健康総合センター（精神保健福祉センター）で、ひきこもりの当事者の診療や家族の相談支援に携わってきました。ここではこの経験に基づいて精神科医療におけるひきこもり問題の支援について述べます。

〔1〕ひきこもりと医療

ひきこもりは病気か？

ひきこもりが精神疾患なのかどうか、あるいは精神科医療の対象とすべきかどうかについてはこれまでから様々な議論があります。

ひきこもりは社会的問題であり精神疾患ではないので精神科医療の対象とするのは誤りである、という考えもありますし、ひきこもりの当事者には、程度の差こそあれ、ほとんどの場合に精神疾患と診断できる状態が認められるので精神科医療の対象とするのが当然である、という考えもあります。

私自身は、ひきこもっている当事者の状態と、家族などがひきこもりの当事者に対してどのように対応すればよいのかわからず途方にくれている状態（以下、これを「ひきこもり問題」と呼びます）を分けた方がいいのではないか、と考えております。少なくとも私が関わった当事者の状態は、何らかの精神医学的診断がつけられる状態でした。したがって、ひきこもっている当事者に対しては精神科医療の対象とすべきであろうと思います。しかし、「ひきこもり」問題は、社会参加しないことを是としない社会のあり方や、周囲の人々の偏見、あるいは家族・当事者への支援の乏しさ、など様々な要因が絡まりあった問題であり、精神科医療だけで解決できることではない、とも思っています。

しかしここでは、こういった議論はひとまず措き、精神科医療が、ひきこもり当事者の状態、あるいは「ひきこもり」問題に対してどのように役に立つのかという点について述べたいと思います。

ひきこもりを医療の対象とすること

ひきこもりを医療の対象とすること（医療化）にはマイナスの面とプラスの面があります。

マイナスの面としては、

・偏見を助長すること。ひきこもりそのものに対して犯罪と結びつけて考えるような偏見がある上、さらに精神科を受診しているということで偏見が助長される場合があると思われます。

・当事者のみの問題とされる危険性があること。当事者に精神科的診断名がつくことによって、家族あるいは社会の問題が見えにくくなってしまう場合があるかもしれません。

・当事者の問題行動にのみ注目される危険性があること。ひきこもり当事者の場合、自分自身の「困り感」をうまく伝えられないことが多く、家族が問題と思っている行動（特に暴力など）のみが治療の対象とされてしまう可能性があります。

プラスの面としては、

・社会からの非難が弱まること。ひきこもり当事者やその家族は、しばしば社会的な非難の対象となります。マイナス面の一番目とは逆のようですが、精神科を受診して何らかの診断名がつくことによって、非難が弱まることもあります。

・家族内の葛藤（かっとう）が軽減すること。診断名がついて医療が関わることによって、家族の心理的負担が軽くなることがあります。

・一般的な精神科医療が利用できること。薬物療法や心理療法によって、ひきこもり当事者がかかえている不安やうつ、不眠などの症状を軽くすることができます。また精神障害者保健福祉手帳や障害年金を申請するための診断書を発行することができます。

・精神保健福祉の様々な資源が利用できること。診断されることによって、訪問看護、ホームヘルプサービス、就労支援などの利用が可能となります。
・支援目標の設定に役立つこと。発達障害などが背景にある場合、精神科医療の場で当事者の特性を理解することで、支援の目標を立てやすくなることがあります。
ひきこもりを安易に医療化すること、あるいは性急に診断名をつけることは厳に慎まなければなりませんが、精神科医療という枠組みは、ひきこもり問題の支援の重要な位置を占めることは間違いないでしょう。

〔2〕精神科医療の実際

医療機関について
ひきこもりの診療をする医療機関は、以前に比べるとずいぶん増えてきました。それでもひきこもりの診療には次に述べるような様々の問題があり、全ての精神科医療機関でひきこもりの診療をしているわけではありません。
・当事者がひきこもっており受診が困難で、その保険診療が難しいこと。多くの場合、はじめは家族のみの受診になることが多く、当事者の診療に健康保険制度を使うことができません（家族の診療をする、ということであれば可能ですが）。

・通常の精神科医療の方法が用いにくいこと。精神科に限らず、医師の診療はまず主訴（本人や家族の主な困りごと）と病気の症状や経過を聞き取ることから始まります。ところが、ひきこもりの場合、本人の主訴ははっきりしません。また家族や本人から症状や経過を正確に聞き取ることも難しい場合が多いのです。

・治療の継続が難しいこと。ひきこもりの治療には長い期間が必要です。短期間の治療でよくなるということは、普通ありません。当事者、医療者とも根気強く診療を続けなければならないのですが、治療意欲を持続することが、どちらの側にとっても難しい場合があり、しばしば治療が中断します。

・他の支援機関との連携が難しいこと。ひきこもりを支援する民間団体は数多くあります。しかし、医療機関は民間支援団体の情報を持っていないことが多いため、なかなか連携ができません。

こういった理由で精神科医療機関におけるひきこもり診療には難しい点が多くあるのですが、特に連携に関しては、各地のひきこもり地域支援センターや保健所の活動により、徐々に改善しつつあると思われます。

精神科医療の進め方

ひきこもりの当事者について、初期のうちに正確な精神医学的診断をつけることは困難です。その理由は、

・多くの場合、当事者が受診しないため、家族からの聞き取りだけになること。
・家族と当事者の間にコミュニケーションが成立していないことが多く、家族が本人の状況を正確に把握していない場合が多いこと。
・ひきこもっていることによって、様々な精神疾患の症状が潜在化し不明瞭なものになっていること。

などです。しかし、医療的支援の方向性を決めるためには、ある程度当事者の状態を見立てておかなければなりません。

ひきこもり当事者の背景要因は、医療の関わり方によって次の三つの群に分けることができます。

(一) 主に薬物療法の対象となる群

幻聴や妄想といった精神病症状やうつ症状、不眠、不安・強迫などの症状がある場合は、強力精神安定剤、抗うつ薬、抗不安薬によって症状を軽減させることができます。そのことによって、ひととの関わりが楽になったり、家庭内でのストレスが減ったりします。この群には、統合失調症、うつ病、強迫性障害、不安障害などがあります。

(二) 主に発達面の偏りや遅れのある群

知的障害や自閉症スペクトラム障害、注意欠如・多動性障害、学習障害など発達面での遅れや偏りがある場合、その特性を当事者と家族に理解してもらうとともに、特性に合った接し方と目標設定が必要となります。

（三）主に心理療法の対象となる群

適応障害や性格の偏りが主な要因となっているひとに対しては、心理療法的関わりによって、人付き合いの練習や自信の回復が必要となります。

当事者がどの群に入るのかを見立てるためには、発達歴、日常生活の様子、精神症状や問題行動の有無などの情報が重要です。発達歴については、言葉の発達、幼稚園・保育園や小学校での対人関係、学校での得意・不得意科目などについて聞き取ります。日常生活の様子については、食事、入浴、着替え、自室の様子などの具体的な情報が必要です。精神症状としては、幻聴、妄想、強迫症状（こだわり）、不安、気分変動などの情報が必要です。問題行動には、暴力、食事に関する問題（拒食、過食、偏食など）、睡眠の問題（不眠、過眠、昼夜逆転など）があります。

ひきこもりの事例

ひきこもりとして事例となることが多い疾患について例を挙げて説明します。なお、提示した例は、いずれも個人が特定できないように内容を変更してあります。

（一）統合失調症

統合失調症は一〇代後半から二〇代にかけて、一〇〇人に一人弱の割合で発症する病気です。幻覚や妄想（陽性症状）や、意欲・自発性の低下（陰性症状）がみられます。陽性症状に基づく不安・恐怖から外出できなくなる場合や、陰性症状によって閉じこもってしまう場合があります。できるだけ早期に診断して薬物治療を開始した方がよいのですが、あまりに性急な診断は避けるべきでしょう。統合失調症の疑いがあると伝えられることは、家族や本人にとって大きなストレスとなります。

本人が受診するようになれば比較的容易に診断できる病気ですが、時には、ひきこもっている間は目立たなかった幻聴や妄想が、治療が始まってから顕在化してくることもあり、注意が必要です。

（事例一）　二六歳男性。高校生時代から、時折学校に行かなくなることがありましたが、留年することなく卒業。希望の大学に入学しましたが、一年生の秋から不登校。親が尋ねても理由ははっきりしませんでした。その後大学を退学し、自宅にひきこもる生活となりました。家族とはほとんど口をきかず、昼夜逆転の生活を続けています。

母親が保健所の「ひきこもり家族教室」に参加。その後、母親のみが精神科に受診。本人とのコミュニケーションがとれないため、精神症状についてははっきりしませんでしたが、時折、窓を開けて怒鳴っており、本人の部屋には壁一面に「うるさい！」「黙れ！」といった落書きがあるとのことで、統合失調症の可能性が考えられました。

母親はこの可能性について懐疑的でしたが、本人が窓から椅子を投げ落とす、という事件が発生し、精神科病院に統合失調症の診断で医療保護入院となりました。入院治療により症状は安定、退院後は入院していた病院のデイケアに通院しています。

（事例二）　三〇歳男性。高校卒業後、工場に就職しました。毎日忙しい生活を送っていたところ、数か月後、通勤電車の中でパニック発作を起こしそのまま帰宅。会社には「風邪をひいたので休む」と嘘の連絡をしてしまったせいで、以後出勤できなくなり自宅にひきこもる生活を続けていました。ひきこもって一〇年目になんとか外出できるようになり、精神科への通院を始めました。定期的に通えるようになったため、ひきこもり当事者のグループに参加するようになりましたが、その頃から被害妄想が目立つようになり、「隣の家の人が自分の悪口を言っているのが聞こえる」といった訴えをするようになりました。統合失調症と診断され、薬物療法を開始、症状は落ち着きました。

(二) うつ病

うつ病は数か月で回復することが多いのですが、一年以上長引くこともあります。中にはうつ症状が重くなり、受診することができなくなる人もあります。また長引くうつ病による失職や家庭崩壊によって、うつ症状自体が軽快した後もひきこもり状態が続くこともあります。

(事例) 三五歳男性。大学卒業後、建設会社に就職しましたが、仕事のストレスから不眠、食欲低下、うつ気分などが出現。精神科を受診しうつ病と診断され、抗うつ薬による治療が開始されました。三か月の休業の後に職場復帰しましたが、間もなくうつが再発し、退職せざるを得なくなりました。復職がうまくいかなかったことから主治医に対して不信感を持つようになり、通院が途絶え自宅にひきこもるようになりました。数年間ひきこもるうちに徐々に症状は軽くなり、なんとか再受診できるようになりました。

（三）強迫性障害

強迫性障害とは、自分でもつまらないとわかっていながらそのことが頭から離れない強迫観念と、わかってはいても何度も繰り返し確認してしまったりする強迫行為がみられる状態です。強迫性障害が原因でひきこもる場合と、ひきこもっている間に強迫症状がひどくなる場合があります。薬物療法や認知行動療法の対象となる病気ですので、本人が受診すれば治療により症状の軽快も期待できます。

（事例）二三歳男性。思春期から、何かを触ると自分の手が不潔になったように感じ、何度も手を洗うことがありましたが、なんとか大学は卒業しました。就職活動をすることなく、自宅で興味のある分野の勉強を続けています。不潔恐怖がますますひどくなり、ほとんど外出ができなくなりました。外から帰ってきた家族に対しても、玄関で衣服を脱いでシャワーを浴びるように要求するようになり、困り果てた父親が相談のため来所しました。

一年ほどは父親のみの相談が続きましたが、ようやく本人が受診できるようになり、抗うつ薬による治療と心理療法が受けられるようになりました。

（四）パニック障害

動悸や呼吸困難感などとともに、強い不安が突然生じるパニック発作が繰り返される状態です。発作がまた起こるのではないかという不安（予期不安）のために、ひきこもっている人もあります。抗うつ薬や抗不安薬による薬物治療や、認知行動療法が効果的ですので、精神科に受診することに意味があります。

（事例）二八歳女性。大学卒業後、会社に勤めていましたが、通勤途中の地下鉄の中でパニック発作が起こったことをきっかけに出勤できなくなり、退職しました。以後自宅に引きこもっています。

自宅では読書や家事の手伝いをして過ごしています。家族との会話も問題はありませんが、また発作が起こるのではないかという不安のため、外出は家の周りしかできません。

相談に来所した父親を通して手紙のやり取りをしているうちに、少しずつ外出できる範囲が広がり、近くの精神科クリニックまでなんとか通えるようになりました。抗うつ薬と抗不安薬による治療により、症状は徐々に軽快し生活範囲が広がってきました。

（五）知的障害

軽度の知的障害が見逃され、学校や職場におけるいじめや不適応からひきこもっている人もいます。

（事例）二五歳男性。小学校では普通学級に通っていましたが、成績は最下位でした。中学校に入学してから、いじめがひどくなり、中学一年生の夏休み明けから不登校。自宅にひきこもるようになりました。

家庭内暴力もあったため、両親が相談のため来所。数回の家族相談の後、本人が受診しました。会話の様子から軽度の知的障害が疑われ、知能検査でも知的障害が認められましたが、本人・家族ともその認識はなく、療育手帳も取得していません。しばらく個人面接が続けられた後、精神科デイケアに通うようになりました。集団場面での様々な問題から、本人・家族の理解も進み、療育手帳を取得。福祉的就労につながりました。

（六）発達障害

自閉症スペクトラム障害、注意欠如・多動性障害、学習障害などの発達障害がひきこもりの背景要因として数多く存在することは、よく知られていることです。私が関わった例でも、三割程の人に発達障害の診断をつけることができました。多くは早期に診断を受けられず、発達障害による生きづらさを抱えて学校時代を過ごし、いじめや不適応からひきこもりになった人たちです。

発達歴や心理テストの結果から発達障害と診断し、本人や家族に伝えることは、家庭内での葛藤を減らすとともに、支援の目標設定を容易にするという意義があり、重要なことです。また障害者就労や障害年金などの支援につなげやすくなります。

しかし、本人と家族のコミュニケーションが回復していない段階や、本人の社会参加への意欲が乏しい段階で性急に診断・告知をすることは慎まなければなりません。診断を受け入れる準備ができていない段階での告知により、本人の両親に対する怒りの気持ち（「なぜもっと早く気づいてくれなかった！」「親からの遺伝によって発達障害になった！」など）が高まり、かえって家族内葛藤が強まる場合があります。また、発達障害の診断名がつくことで、社会参加の意欲がますます低下し、ひきこもりが長期化することもあります。

当然のことですが、支援の方向性が定まった上での診断・告知が求められます。ひきこもりとは、本人・家族ともに具体的な目標設定ができない状態です。支援の着地点が見えない状態での診断・告知は単なるレッテル貼りに終わる可能性があります。

（事例）二八歳男性。言語の発達の遅れや視線が合わない、漢字に異常なこだわりを示すといった症状が幼少時から認められました。学校の勉強では、記憶力を要する科目の成績は優秀でしたが算数の文章題や国語の成績は悪かったとのことです。

大学卒業後、会社に就職しましたが、顧客からのトラブルをきっかけとして出社できなくなり、以後自宅にひきこもる生活を続けています。家族に対する暴言もしばしばありました。

家族相談を経て、本人が受診。本人と家族の面談を続けた上で、発達障害の診断・告知を行いました。家族内の葛藤は軽減、本人は自身の得意分野を生かして社会参加することを目標として、努力を続けています。

（七）パーソナリティ障害

ひきこもりと関連性の強いパーソナリティ障害として、回避傾向の強い自己愛性パーソナリティ障害があります。他者の評価に過敏で、過大評価している自己像が傷つくことを極端に恐れ、傷つく可能性のある状況から撤退してしまう状態です。ひきこもりの例では、パーソナリティの問題が主でありながら抑うつ気分が表面に現れている場合もよくあります。このような場合に安易にうつ病の診断名をつけてしまうと、本人がその病名に「安住」してしまい、ひきこもりが長期化してしまうことがあるため、注意が必要です。

＊

ひきこもりの支援において、精神科医療は重要な位置を占めています。その重要性は、単にひきこもり当事者の抱える精神医学的問題を見つけて治療することだけにあるのではありません。医療という枠組みをうまく利用することによって、様々な次元の支援に結びつけることが可能となります。そのためには、支援者自身が医療の意味と限界を十分に知っておくこと、医療との緊密な連携を心がけることが何より大切なのです。

コラム 「父親の会」――オヤジだらけのしゃべり場

「かんぱーい！」毎回こんな形で始まる会が「父親の会」。居酒屋の一室で、三か月に一度オヤジばかりが集まって、飲んで、食べて、でも、真剣に語りあう。メンバーは不登校やひきこもりの子どもを持つ父親が中心で、八人～一〇人くらいが参加。そして、若者の本音も聞きたいことから、元不登校・ひきこもり経験を持つ青年に参加してもらっています。また、不登校やひきこもりに興味を持たれている専門家（精神科医など）も、たまに参加されることもあります。すでに子どもさんが、何とか社会に繋がっているお父さんもおられますが、多くは、今もその渦中のお子さんを持つお父さんです。

この会は、二〇一六年一〇月に第一回があり、すでに一四回を数えました。きっかけは、二〇一六年の八月二六日・二七日に開催された「第二二回登校拒否・不登校問題 全国のつどいin兵庫」の夜の父親だけの交流会でした。この「全国のつどい」もそうですが、各地の不登校やひきこもりの「親の会」の参加者はほとんどがお母さんです。お父さんの参加が少ないのは、様々な理由がありますが、やはり、わが子が不登校やひきこもり状態になった時に、社会でバリバリ働いているお父さんは、どうしても、「そんなことで、これから社会で生きていけるのか」と未来に目を向けがちで、今、目の前で苦しんでいる子どもの姿を受け止められません。しかし、こころの中では、どうすればいいのかとあたふたとしているのが、本当の父親の姿だと思います。

「親の会」では、父親の子どもに対する理解のなさが常に話題にあがり、どうしても、母親からの「攻撃」対象になります。だから、そこに参加しづらくなるのは当たり前かもしれません。しかし、実際に「父親の会」から漏れる父親の本音は、自分も、わが子をとても愛おしみ、心配している声がほとんどです。子どもを責めてしまうことも、こころではそんなことで解決はしないと感じつつも、その関わり方がわからないことでいびつな対応になってしまうと嘆かれます。

この会では、父親だからこその悩みが出せます。「子どもは大好きだよ。愛している。でも、そんなことで生きていけるのか?」いわゆる母性は子どもを包み込み、父性は子どもを切り離す=自立を促すといった一般的なイメージが世間にはあります。父親は、子どもが社会人として生きることを、父性の役割として無意識に望むからこそ、わが子の状態を見て、愛おしさと自立との間で引き裂かれる想いに苦しんでいます。母親の前では出せない、深い父親の本音を、お酒を交えて洗い流せる場が「父親の会」だと考えています。

上坂秀喜(東山区「不登校・ひきこもりを考える親の会」役員)

2 自殺に至るような深刻な事例と予防を探る

早川淳、藤本文朗

この節は、長年にわたり、ひきこもった末に、「自らの命を絶つこととの選択」を考えている、試みようとしている、そして、せざるを得なかった人について考えてみたいと思います。

わが国では、一九八八年から自殺者の総数が急増して、一時期、一年に三万人を超える事態になりました。二〇一〇年代に減少傾向になり、二〇一九年の統計では初めて二万人を切ったとはいえ、「依然として自殺死亡率は高い水準です」「まだまだ深刻な状況であり、自殺未遂者の支援にも取り組みを続ける予定」と、厚生労働省（二〇一九年）も述べています。ここ一五年間は若い世代の自殺が増加傾向にあります。内閣府・警察庁によると、児童の自殺等の実態分析（二〇〇三年）の結果から、中学生以上の自殺の原因で一番多いのが学校の問題、二番目が進路に関する問題、三番目が学業不振、学友との不和等です。詳細はわからないものの、総じて学校生活にかかわる原因であるといえるでしょう。高校生以降では、健康に関する問題も浮上しており、とくに、統合失調症やうつ病等の精神的な病、情緒不安定な状態が原因の場合もあります。

ひきこもり、あるいはそれに関係するような不登校については、前節（Ｐａｒｔ３の１）で述べられているように、その当事者に精神医学的な診断名をつけられる例も少なくありません。自殺が心配されるケースもありえるので、支援においては丁寧な配慮が求められると思います。

ひきこもりから自殺を選択した人、あるいはその恐れのある事例の研究は少なく、斎藤環『社会的ひきこもり』（ＰＨＰ新書、二〇二〇年）、また、ＮＰＯ法人ウィークタイの泉翔さんの「当事者だからできる永久支援」（『都市問題』四、vol.一一〇）という報告がありますが、ほかに見当たりません。前者の著者が、一〇年間に直接、面接した事例の中では、「ひきこもっている人全員に面接したら自殺企図を持っていた人が四六％、自傷や自殺未遂の経験のある人が一四％いた」（七〇ページ）と書かれています。

自殺に至ってしまうケースを単純に一般化することは控えるべきですが、そうしたケースについて知見等を積み重ねておくことは必要だと思われます。自殺対策基本法が成立（二〇〇六年）する過程でも、自殺への対応に精神科受診を薦めている文章をよく目にしました。ところが、自殺対策の予防として精神科を受診しても、自殺に至ってしまった報告もあります。廣川聖子「精神科治療を受けていた自殺既遂者の心理社会的特徴＝心理学的剖検による七六事例の検討」（『精神神経学雑誌』第一一五巻第九号）では、九〇パーセントが死亡前の一か月内に精神科を受診していたとされています。さらに、受診から三日後に自殺に至った人もいるとのことです。また、女性患者の八〇パーセント以上は自殺未遂や自傷行為があったとされています。

以上をふまえて、事例は少数ですが、私たちが一〇年以上対応してきたひきこもり当事者の人た

事例（仮名）	年齢	性	ひきこもりのきっかけ	自殺未遂	家族と問題	支援期間と対応者	その他
松田美子さん	36歳	女性	職場でいじめとパワハラを受ける	常に自殺をすることを考えている	母親（76歳）と２人暮らし、小学校時代の兄からの暴力	３年（藤本）	精神科受診(鬱病)とHHPによる支援
田中和子さん	48歳	女性	職場でいじめとパワハラを受ける	服薬自殺未遂（３回）	四人家族だが、父親(83歳）と２人暮らし。DVにより母親は別居で情緒不安定	14年（早川）	精神科受診を薦める
西川二郎さん	42歳	男性	高校１年の夏以来、不登校からひきこもり	家族への暴力、首吊り自殺未遂（５回）	４人家族で、母親は教育熱心	６か月（藤本）	精神科受診と HHP による支援
小川和郎さん	40歳	男性	いじめによる不登校。職場の人間関係でつまずき	服薬自殺未遂（１回）	３人家族、父親との折り合いが悪い。母親は糖尿病で死亡	15年（早川）	精神科受診を薦める
山崎明男さん	40歳	男性	不登校（小２）からひきこもり	首吊り自殺(死亡)	３人家族。母親の養育へのこだわり、父親は他界。長女は家出	20年（早川）	母親も自殺

ちの自殺と自殺未遂の事例を考えてみたいと思います。早川は、とある基礎自治体の男女参画センターで、ボランティア相談員として活動しています。そこでは子どもの教育やしつけなどの問題を中心に、教育に携わっている人たちを招き、教育相談を月一回、開催しています。そして、長年関わってきた相談者の記録や相談員の記録など、ひきこもりの当事者のケースも、記録として残しているものを把握し、分析を試みています。藤本は「ひきこもり当事者発信プロジェクト（ひきこもり当事者への相談・支援を行っている。以下HHPと略記）の理事をしており、一九八〇年より滋賀、京都で当事者からの相談に応じ、様々な支援を行っています。当事者を精神科医や心理カウンセラーに紹介したり、「居場所」につながる仲間集団に誘うことなどもしています。

本節では前ページの表に示した人々の事例を紹介します、ただプライバシー保護のために一部変更を加えています。ひきこもりから自殺にいたるという悲劇をなくすために、こうした経験を踏まえ、考えるべきと思う論点を検討していきます。

〔1〕事例を通して

一般的に、ひきこもりは男性に多いというイメージが強く、二〇〇一年に内閣府が行った「ひきこもり実態調査」を見ると、女性の比率は三割強でした。しかし、女性の場合、ひきこもり状態にあったとしても「家事従業者」として扱われ、実際の数値よりも少なく数えられている可能性もあります。家庭や職場などで、女性たちが、人間関係や人生に関わる深刻な問題について、誰にも本当の思いや考えを打ち明けられず、助けを求めることもできず、抱えている「心の塊」を顕在化する術(すべ)もないまま、事実上はひきこもった状態にある場合もありうるということを考慮に入れる必要があります。また、性暴力撲滅のため活動しているＮＰＯ法人「しあわせなみだ」の中野宏美代表は、ひきこもっている女性には「性被害に遭っている人たちが相当いるのではないか」と述べています（池上正樹『ひきこもる女性たち』ベストセラーズ、二〇一六年）。

以下、表の五人の事例を紹介していきます

〈事例一〉松田美子さん（三六歳）女性。松田さんが就学前、両親が離婚しました。以来、母親、五歳上の兄、松田さんの三人暮らしでしたが、兄は大学卒業後に就職し結婚したため、この二〇年近く、母親との二人暮らしです。彼女は二〇代後半でひきこもって以来、時折、自殺をほのめかすようなことがあったようです。ただ、母親には松田さんがなぜ自殺を考えているのか、見当もつかず、ただ心配しながら推移していました。

松田さんは中学生の時にいじめに遭った経験はあるものの、成績はよく、就職も決まり、最初は順調に仕事をすることができていました。ところが、同僚からのいじめやパワハラがきっかけで、勤めることができなくなり、ひきこもるようになったということでした。職場の対人関係で悩むようになったころ、「自分の存在がだんだん薄れるよう」「息をするのも苦しい」という訴えをしていたそうです。

ひきこもりの件とは別に、松田さんは高校時代、精神科を受診し、軽いうつ病と診断されたことがあったとのことです。抗うつ薬を処方されましたが、その後、本人が病院に行くことを拒むようになり、母親が薬を受け取りに行っています。

筆者（藤本）の友人である中村三郎氏（仮名）が近所に住んでおり、二〇一八年、当時すでにひきこもっていた松田さんのことを母親から聞きました。松田さんは母親に、「私のことは誰にも知られたくない」と伝えていたようで、中村氏も、母親から「娘に話しかけないように」と強く言われていました。ですから、彼も母親に悩みを聞く以上のことはできずにいたのですが、ただ、中村氏が散歩をしていると、松田さんが自宅玄関まで出ているのを見たことがあり、声をかけたことがありました。

というのも、松田さんの状況を知るある人が、ＨＨＰ主催のイベントで松田さんのために稀少な石でペンダントをつくったことがあり、松田さんに渡してほしいと中村氏に託していたのです。彼が思いきってその旨を話してペンダントを渡すと、松田さんは、「私のことを心配してくれる人がいるんですね。宝物、お守りにします」と深々と頭を下げたそうです。

またその数か月後のある日、夜八時ころ、やはりたまたま玄関先に松田さんがいて、散歩をしていた中村氏に、「今日の月はきれいですね」と話しかけてきたことがありました。中村氏はとっさに、「ほんとうだ。こんな素敵な満月を一緒に見られるなんて、嬉しいです」と言ってその場を離れました。

他者との関係を拒んできた松田さん本人とのこうした交流が、いったいなぜ可能になったのか、今となってはわかりません。偶然の要素も大きいと思われますが、ただ、その後の経過をふまえて考えると、松田さんは自殺への衝動を持ちながらも、生きたいという気持ちを持っており、自身の苦しみを共有してくれる他者の存在をどこかで求めていたのかもしれないと推察することもできるような気がします。

二〇一九年八月のある日、松田さんは突然、「話を聞いてほしい」と中村氏の家を訪ねてきました（松田さんはもともと中村氏の家の場所も知っていました）。松田さんがその時どうしてそういう行動をとったのかはわかりません。その後も彼女は基本的に家にひきこもっていますし、動機などを尋ねることはできない状態にあります。当事者がそのように他者に働きかけるということはあまりないことですので、中村氏も大変驚きました。

松田さんはその時、小学校低学年時代、兄からひどい暴力を継続的に受けていたことを中村氏に伝えたのです。松田さんはそのことを、母親も含め誰にも言わず、以来三〇年以上、ただ一人で苦しんできたというのです。中村氏は松田さんの話の重大性に驚き、数日後、母親にも伝えましたが、母親もその事実に驚いたものの、当初にわかには信じられない様子でした。

そのさらに数日後、母親が松田さんに声をかけた際、松田さんの怒りが爆発したことがありました。「中学時代から自分にひどいことをしてきた兄がスムーズに人生を謳歌（おうか）している。お母さんはその兄の方を大事にし、私の苦しみを理解してくれない」。そんな思いが松田さんの中にあり、それを母親にぶちまけたのです。

中村氏は、緊急を要すると判断し、ＨＨＰの関係者に状況を共有しました。ＨＨＰは母親からの聞きとりも行いました。松田さん自身は母親に怒りを爆発させた後、兄の暴力についても話し、部屋にひきこもりました。母親とは一切話をせず、また松田さんが「一人になりたい」と書いたメモを残していたため、母親は、親戚宅で過ごし家を空けるなどのこともしたようです。

ただ、この段階でも、母親は問題を真剣に受け止めきれていなかったようなのです。暴力の加害者が被害者の実の兄であったからか、また、大学卒業後に就職した息子に母親として期待を寄せ、その一方でひきこもっている娘に対しては、否定的なまなざしを向けてきたこともあったからなのかはわかりません。いずれにしろ、母親のその当時の意識を客観的に見た場合、暴力被害を十分深刻に受け止めていたとはいえないというのが率直な状況でした。

しかし、当然のことですが、松田さんにとって、暴力は大変つらい、自らの存在を否定されるような経験だったのです。しかも、それを誰にも話せないまま三〇年以上生きてきたのですから、その苦しみは大変なものだったでしょう。

ＨＨＰのスタッフはそのできごとを知って、サポートの仕方を見直しました。松田さんのひきこもりの経緯にはいろいろな要素がありますが、希死念慮についていえば、その根底に、兄から受けた被害があることは十分推定されることでした。また松田さんはその時まで、この問題をめぐる母親の対応に強い不信を抱いていることが推測されました。そのため、ＨＨＰスタッフは、「母親が兄よりも松田さん第一に考える」ことを第一にするよう説得したのです。母親は、当初、なかなかその問題を受けとめきれない様子を見せていたものの――家族間の深刻な問題ですから無理からぬ面もあったかもしれません――、次第に松田さんの立場にたって理解する努力をしていきました。数か月後には、息子の暴力に関し、法的にも責任をとらせることが必要ではないかという認識にも立ち、弁護士に相談に行くこともしました。

そうした母親の変化、暴力を許さないとする態度を、やがて松田さんが知るに至り、彼女の母への怒りは少しずつ解消に向かったようです。自殺をめぐる深刻な状況が問題になってから二年余りが経っていました。

ただ、松田さんはその後もひきこもっており、現状はひきつづき楽観視できるものではありません。ここで軽々に今後のことを述べることはできませんが、ＨＨＰとしても可能な支援を継続していく予定です。

一連の経緯の中では、松田さん自身が、苦しみ、自殺を考えながら、しかしたまたま知り合った中村氏に、自らその苦しみを伝えたということが、状況に一定の前向きの変化をつくりだす契機になったように見えます。もともと中村氏は、母親の悩みを聞くことはできても、松田さん自身に対しては、直接、何か強い働きかけをすることはできないと判断し、あくまでも見守るという対応にとどめていました。そんな経緯の中で、松田さんが、なぜ、右に記したような行動をとったのかは、今もわかりません。たまたまその時の彼女の状態が、何らかの事情で他者との交流が可能なものだったということかもしれません。この経緯だけから、松田さんの状況に予断を持つべきではないと思われます。

ただ、ひきこもっている人の心も、そうでない人同様、常に動いているということではないでしょうか。一般論にすぎませんが、苦しい経験をしてきた人であればあるほど、他者との安心できるつながりを求めているということもいえると思います。それだけに、わずかなつながりでも軽視することなく大事にして、粘り強く支援を進める必要を感じます。

〈事例二〉田中和子さん（四八歳）女性。ひきこもる田中さんの母親から相談を受け一四年になります。以下は母親からの相談により知り得た情報です。

田中さんは、幼少から目立たず、おとなしい子ども時代を送りました。母親は成績のよい弟といつも比較して育ててきました。田中さんは私立中学校に通学し、いじめを受け不登校になりましたが、卒業はできました。大学を卒業してから近隣の洋品店に勤めましたが、人間関係のつまずきがもとで、三か月で退職してから、家にひきこもってしまいました。

また、母親によれば、田中さんには父親による暴力被害が疑われています。母親は父親のＤＶにより別居し、弟は結婚して家から出ていき、現在、田中さんは、父親と二人で暮らしています。田中さんは家事一切を父親に任せてひきこもっており、父親は、娘と生活するために炊事・洗濯・買い物などを担っています。父親は周囲の目を気にし、「娘が世話をしてくれるというので一緒に住んでいる」と言っているようです。

田中さんは母親との葛藤（かっとう）や父親との関係性の問題を抱え、服薬自殺未遂を三度繰り返しています。父親は、娘が自殺未遂を繰り返すため目がはなせないと思っているようです。

田中さんは幼少時から、父親の母親への罵声（ばせい）や暴力におびえて育ちました。ただ、そうした状況は「母親に原因がある」と、父親にいつも言い含められてきたため、母親に対して憎しみや侮蔑心（ぶべつしん）を抱くようになったようです。父親のＤＶで、母が血まみれで警察に保護を受けた時も、「警察に通報して、お父さんがかわいそうだ」と言ったとのことです。

一方の父親は、広大な敷地に姉夫婦の家と自分の住居を持ち、ほとんど姉の家に入り浸って、自分の家にはただ寝に帰るだけの生活を続け、そのため家族を顧みることなく父親の役割も果たせていない状態が続いてきました。一方、母親はつれあいからＤＶ、親戚からはいやがらせを受けるなどし、その不満を紛らわすため、子どもの養育や家庭のことより趣味の陶芸に没頭していき、子どもとの関わりが手薄だったようで、母親としての役割も充分に果たせていない状況だったようです。

詳細は控えなければなりませんが、私たちはこの家族の場合、田中さんの両親が抱える問題――特に父親がその父との関係性において自身の発達に関わる深刻な問題を抱えていたと考えられます――が根底にあって、家族として機能してこなかったし、現在もそれは変わっていないと考えています。親戚は周りに多くいますが、相談できる人や頼る人もいない田中さんは、父親との生活を続けるしかないのが現状です。

田中さん自身が現在どういう思いでいるのかはわかりません。服薬自殺未遂を繰り返してきたので父親は薬を隠しているようです。だからといって父親は、自身と家族の関係性を変えようと思ったり、娘の状況を考えることはしようとしません。父親も母親も、娘は精神的に問題ないと思っているようですが、私たちは母親に精神科受診を薦めています。

〈事例三〉西川一郎さん（四二歳）男性。母親が二〇一九年九月にM市で開かれたHHPの相談会に来場、家族の詳細を書いたメモを持参してくれました。その後、藤本が電話で父親や母親から話を聞き、連絡をとりあうこともできており、状況の変化も確認しています。以下はそれらを総合したものです。

家族は、高学歴の父、母、兄である長男と当事者の西川さんの四人家族でした。現在、長男（西川さんの兄）は独立しています。西川さんは小学校四年まで、親から見て、とても「いい子」だったようです。兄が優秀で、西川さんは、子どもながらに無理をして「いつもいい子にしていなければ」と、「いい子」を演じてきた面があるようです。ところが、小学四年生でいじめにあって不登校になりました。当時は学校に行きたくなかったけれど無理をして通学するように努力し、何とか小学校は卒業しました。それは本人にとって苦痛を伴うものだったようで、中学校も行きたくなかったようです。何とか通学でき、先生からは、「勉強に集中すれば成績は上がるからがんばれ」と、励まされたので、いやな勉強をしたということです。

しかし、やはり本人にとっての苦痛が大きかったのか、高校一年生の夏休み終了後に不登校になり、翌年三月で退学してしまいました。本人は「やめてよかった」と言い、それからひきこもるようになったのです。ただその後、「このような状態では」と、不安になったようで、一八歳のときに大検を受け合格、東京の私立大学に入学し、海外に短期留学したこともあります。

ところが、大学を卒業してから始めたアルバイト先で、同僚との関係がうまくいかず、長続きできずにひきこもってしまいました。二三歳ころから「生きたくない」と言い出し、三〇歳になって自殺未遂（首吊り）を起こし、家具を壊す、自傷行為（自分の頭を殴る）を行うなど、周りの人たちが手もつけられない状態になることもありました。

二〇一九年四月、母親から、「本人に自殺の意図が感じられる状態にある」との連絡を受けました。緊急に、ひきこもり当事者の診察経験のあるクリニックの精神科医につなげることができ、母親と二人で面接を受けてもらいました。そこでカウンセリングを受けることができて、家族や本人が安定できるようになりました。

実は西川さんの父親も、藤本に、母親と同じように息子のことで悩んでいる様子を電話で話していたのですが、その父親もこの精神科医を尋ねいろいろアドバイスを受けたようです。二〇二〇年六月、父親から、「今まで、ひきこもっていた息子が、今では一人でクリニックに行くようになった。また、毎日、マラソンをし、サッカー観戦にも行くようになり、生活も前向きに考えて行動するようになった」と、電話でうれしい知らせを受けました。

これは自殺予防につながった事例であります。自殺企図のある人に対し、適切な医療的支援を受けることが重要な意味を持った事例といえるでしょう。また、ひきこもりの相談の多くが母親からですが、この事例の場合は、父親も正面から息子の問題解決に向け関わったことが重要であったと思われます。

〈事例四〉小川和郎さん（四〇歳）男性。以下は叔母（小川さんの母親の弟のつれあい）からの相談によって知り得た状況をまとめたものです。

子どものころの小川さんは三人家族で、父親（現在七〇歳）は転職を繰り返していました。精神疾患（うつ病）のあった母親は、糖尿病も患い、それがもとで二〇一七年に亡くなりました。母親のうつ病の発症年代はわからないとのことです。

叔母によると、小川さんは両親との折り合いが悪く、一緒に過ごしたのは中学生までです。それ以降、母親の精神疾患を心配したこともあり、母方の祖母が自分の家に小川さんを住まわせ、世話をするようになりました。小川さんは小学校や中学校でいじめにあい、登校拒否が続きましたが、その時期から、両親は特になにも対応しないまま、小川さんの世話は祖母に任せるという状態にあったようです。

一九九三年、小川さんが中学校を卒業するとき、「漫画家になりたい」という気持ちを持っていたのを祖母が尊重し、当時住んでいた関西から東京の専修学校に行かせました。小川さんはその学校を卒業し、コンビニで働くようになったのですが、職場の人間関係のつまずきから働けなくなってしまいました。

小川さんは、しばらくは、祖母による生活の援助のおかげで東京にいることができましたが、祖母も経済的に余裕がなくなってきたため、一九九八年、祖母の家に帰ってきました。そして、祖母の家から外に出ることができなくなり、ひきこもってしまったのです。ただ、祖母が高齢になり買い物や医者に行くことが難しくなってからは、小川さんが買い物や医者への付き添いをするようになり、外に出ることができるようになっています。

小川さんは学齢期にいじめにより不登校になっています。この時期の子どもには、仲間や仲間集団をつくり、それを通じて、何かに取り組むことで、他者との関わりや学校生活に適応していくという発達課題がありますが、小川さんの場合、その発達課題が達成できていないため、人との関わりが困難になっていると考えられます。

祖母との生活では精神的に安定していましたが、祖母が九一歳で認知症になり、施設に入所することになりました。これによって小川さんは経済的基盤を失い、祖母の家の家賃が払えなくなってしまいました。住んでいた家を出なければならなくなった時に、叔母がかけつけると、小川さんは祖母が残した薬を服用し自殺をはかりました。服用した薬は少量のため命に別条がなかったのが救いでした。

その後、親戚が集まり、小川さんの今後について話し合った結果、父親と一緒に生活することになりました。その後、元気に過ごしているという情報が入っていたので叔母も安心していました。ところが、何十年かぶりに小川さんと生活するようになった父親は、小川さんが働かず、漫画を描くかゲームをするかしかない生活ばかりしていることに我慢ができず、「市の福祉課に仕事を世話してもらいなさい」と、再三言うようになりました。

小川さんはそれを嫌がり、自身の身元をわからなくするために何も持たず、現金一〇万円だけ持って、家出してしまいました。家出から三か月、何の音沙汰もないまま、父親や親戚が心配していたところ、警察から「保護した」と、電話が入りました。そこは実家からかなり離れた場所でした。実家に帰ってきた小川さんについて、父親は、「くわしいことは何もわからないが生きていてくれただけでよしとしている」と、話しています。

小川さんは漫画を描くこととゲームの生活しかできないため、今後、父親との生活に疲れが出ることは明白です。私たちが支援として考えるのは、小川さんが心を開くことができる親戚が父親との摩擦を軽くできるようにしていくことです、また、K市の社会福祉協議会での相談や精神科受診も薦めています。

〈事例五〉山崎明男さん（四〇歳）男性。自ら命を絶ってしまったいたましいケースです。当初、近隣の人たちを含め誰も気がつかず、母親が息子の後を追って自殺したことで明るみに出ました。部屋にいつも明かりがついていたため、外からでは異変がわからなかったと思われます。他人に対して無関心であったり、地域交流が希薄化した近隣環境でもありました。山崎さんは小学校二年生で不登校になりましたが、その前は近所の子どもたちと遊び、母親も近隣付き合いをしていました。

小学校二年当時の山崎さんは勉強や運動が並外れて優秀でした。突然、不登校になったのです。当時、いじめがあったとか、先生から体罰があったといった原因が見つからず周りを困惑させました。不登校になった後は、学校や友人からの関わりも対応もありませんでした。「学校の先生や市の職員が心配して家庭訪問をすることもなかった」と、母親が知人に言っていたようです。山崎さんが不登校になってから家族も「ひきこもって」しまいました。その後、父親は他界し、長女は高校生の時に家出しました。

山崎さんの生育歴はどのようなものだったのでしょうか。以下は、母親や山崎さんと交流があった早川が知る限りの情報です。母親は高学歴にあこがれましたが、長女は母親の「期待はずれ」でした。母親は山崎さんに強い期待をかけました。山崎さんが〇歳の時からからベビースイミングに通わせ、歩き始めると、母親は山崎さんと一緒に朝から百科辞典を携えて一日中歩き回りいろいろ教えていったそうです。母親は山崎さんの衣食など生活の全てを管理するようになり、冬もTシャツだけで過ごさせました。食事は味付けのないそっけないものを与え、甘いものは一切食べさせませんでした。

こうした生活が、山崎さんに不安や母親への不信感、あるいは、怒りの衝動をもたらした可能性は否定できないと思います。山崎さんは母親に心を閉ざすようになっていったのかもしれません。また、家族以外にも頼れる人がいないため、抱えている困難を自分で解決しようとする意思を持っていてもなす術がなく、仲間や友人との交流もないまま、孤立してしまった可能性もあります。

私たちから見て、家族の発達課題は二つありました。一つは子どもの自立性と、家族への所属感・忠誠心とのバランスを適切に保つこと。もう一つは子どもへの「親の期待」が過剰になる重荷を感じさせず、同時に、子どもが「親は自分に関心がない」と感じさせることもないように親子関係のバランスをとっていくことです。山崎さんの両親は子育てにおけるそれぞれの役割を果たすというより自分の願望を子どもに押し付けてしまったようです。その結果、家族の発達課題が達成できず、それを山崎さんが不登校という問題行動で代替してしまったのではないかと考えます。

山崎さんは、小学校二年生以降、外に出たことがなく、それと同時に、母親も近隣の人たちとの交流をしなくなってしまいました。親子で「ひきこもって」しまっているというような状況でした。山崎さんの思いは、結局わからないままですが、本来なら、他者との交流に強い関心を持ち、他者との関係性を育んでいく年頃に、誰とも交流できず、自分の部屋にひきこもっていることのつらさのため、生きていくことをやめてしまったのかもしれません。山崎さんに対して支援が十分でなかったことが悔やまれます。さらに、二〇年間の不登校、ひきこもりの過程で、もし山崎さんの家族の構造を変えることができていたら、自殺の防止につながる何らかの対応ができたかもしれないと考えるといいたましいケースだといわねばなりません。

〔2〕事例から学ぶこと

以上、紹介したケースは地域のつながりがあったからこそわかったものですが、深刻なものばかりです。先にも述べたように、これらを単純に一般化することは控えるべきですが、これらのケースに共通する、あるいは似た問題を抱えた当事者も少なくないのではないでしょうか。

大事なことは、ひきこもりの長期化は、場合によっては精神の病を伴い、命にも関わる要素を持っており、そのような状態になるまで何らかの援助ができない場合も現にあることを、社会の課題として考えていかなければならないということです。そのためにも、こうした深刻な状況に至る経緯を様々な角度から検討すべきだと考えます。

さしあたって、これらのケースから目につくのは、①養育に関わる家族の問題、②職場の問題、③教育の問題などです。

①の養育や家族の問題については、ここでの全てのケースが当てはまると思いますが、とりわけ、田中さん、西川さん、山崎さんの事象から母親の養育のありようが論点になるでしょう。それはきょうだい間の「格差」です。母親と、気が合う子とそうでない子、母親の理想像に近い子とそうでない子といった違いによる親の対応の差が問題をもたらしているように見えるケースもあります。

親の方は子どもへの対応に差を設けていると思っていないと思いますが、子どもは親の心や気持ちを見抜くものです。また、子どもは親に嫌われないように子どもなりに努力します。その「努力」が子どもの精神的な負担になってくる場合があるのではないかと考えられます。同時に、これは日本社会に根深い「子育ては母親の仕事」だというジェンダーギャップも背景にした現象であり、問題となるのは母親だけでなく、むしろ、その背後にある父親の置かれた状態や意識の問題も検討しなくてはならないでしょう。父親としての役割を果たせていないケース、その背景にある「性別役割分業」観なども視野に入れなくては片手落ちになります。

上記の事例における家族問題で当事者に関連があるのではないかと考えられるのは、暴力、ＤＶ、父親としての役割不足、母親のうつ病などといった要素がありました。これらの要素から家族機能が不完全であるという場合に、そうした家族の中にいる当事者をどう支援するかという課題があることを指摘したいと思います。

家族だけで困難を抱え込まないで、困ったことがある時、「助けて」と言える近隣の人達や友人がいることは命を守ることにもつながります。当事者は言えずとも、家族のなかでだれかが声を出していくことの大切さを重視していきたいと思います。人間関係が希薄化した地域社会の中で、「助けて」と、声を出していくことが、地域社会の人々を結び付けることにもつながり、大切な命を守られる場合があると思います。

②の職場の問題は、山崎さん以外のケースに当てはまります。ここにあげた事例に限らず、ひき

こもり当事者の多くは職場の対人関係でつまずいています。その背景には、二〇〇〇年代からの派遣労働の自由化、雇用された人の労働条件や待遇が劣悪化し、人を大切に思わない職場での人間関係、さらにはハラスメントなど、現在の企業が雇用、労働分野で抱えている大きな問題があると思われます。

その直接の表れとしての職場における人間関係の問題点を、青年期の発達課題の問題として検討し改善をはかることが企業にも問われていると思われます。労働者が低い自己肯定感しか持てない、たとえば対人関係がうまくいかず、少しのことでも心が傷ついてしまうなどの状態に陥れば、企業にとっても深刻な損失だと捉える必要があるでしょう。

③の教育の問題で考えなければならないものの一つは、ひきこもり当事者の育った時代背景と発達課題の関係があると思われます。一九七〇年代後半、高校の進学率が九〇パーセントを超えるようになる中で進学競争が過熱し、「落ちこぼれ」が社会問題として注目され始めます。「『いい高校』に進学できれば、将来、豊かな生活が約束される」という一種の幻想が学歴至上主義をあおり、「高学歴」に社会的価値が置かれて、子どもたちは偏差値をめぐる競争に投げ出されました。学校は本来なら、子どもたちの温かい「居場所」や空間とならなければならないのに競争の場に変質してきたのです。子どもに「三間」（仲間・時間・空間）がないといわれて久しいですが、「三間」を奪ってきたのはこうした教育環境だったといえるかもしれません。

学校現場では、一九七〇年代後半に校内暴力が多くの地域で起こり、一九八〇年代にそれが沈静化する一方で、不登校が増加し始めました。この時の若者は、学力競争の激しくなる学校・社会の中で孤立せざるを得ない状況におかれました。それは、義務教育や幼児教育分野にまで影響しました。

一九八〇年代には、問題行動で自己の存在を目に見える形でアピールする若者と同時に、自己の存在を「否定」する行動によってアピールする若者が増えました。これらは人間を尊重できない社会状況の、病理的な反映ではないかと思われます。いずれも、子どもが発達するために必要な場が失われていることを表しているようにも見えます。

一九九二年に、文部省（当時）の通達が「不登校の問題は個人の病理でなく、一種の社会病理である」と述べたことがあります。それ以降、不登校生のために「居場所」の提供が強調されるようになりました。これは意味のあることだといえますが、肝心の学校教育が抱え込む問題にメスが入らないもとで、問題の基本構造は変わっておらず、事態が改善に向かう気配はない状態です。インターネットやＡＩの導入なども、それだけでは問題の根本解決には結びつかないのではないでしょうか。違った形での社会的病理を子どもや若者たちが表現していくことにもなりかねないと思われます。

こうした状況により、子どもたちの成長過程の時期ごとにある発達課題の達成が十分にできていないように思われます。

青年期はアイデンティティの確立をめぐって、深刻な葛藤と危機に直面する時期とされています。

青年期に友人や仲間を通じ社会性を身につけ、それを発達させる中で、「その人がその人であるよりどころ」が獲得されていきます。ところが、そのプロセスが阻害されると、時間的展望の拡散が起きてしまいます。

時間的展望の拡散とは、未来に対する絶望感や悲壮感から自分自身を狭い枠に閉じ込めてしまい、将来の自分がわからなくなってしまうことをいいます。将来に対して夢も希望もないような気分にとらわれてしまうために、絶望感しか持てなくなる人もいると思われます。

また、人は乳児期に基本的信頼関係の獲得という発達課題を達成するものですが、谷冬彦ら（二〇〇四）は、「基本的信頼関係が充分に得られない場合には、自分自身の過去を受け入れられず、現在における充実感を感じることができない、自分の時間的連続性に基づくアイデンティティの感覚を得られない」としています。これはアイデンティティの感覚における自己の連続性・斉一性の拡散といえるでしょう。「確かな自分」に対しての感覚が、自分自身でも不安定になり、それが、心理・社会的発達の一つの要素としての対人関係のつまずきとして表れるとも考えられます。ここでの全てのケースが当てはまるのではないでしょうか。

当事者のアイデンティティの確立への課題に対しての対策として、当事者たちが自己肯定感を高めることができるような、専門性を備えた人たちによる「居場所づくり」の取り組みを考慮していく必要があると思われます。

内閣府の「今を生きる若者の意識調査」（平成二六年度版）の国際比較調査では、七か国（スウェーデン、フランス、ドイツ、イギリス、アメリカ、韓国、日本）のなかで日本の若者の自己肯定感が一番低くなっています。子どもの自己肯定感の獲得に影響するのは家族、親の養育、学校教育であると思われます。今、子どもの自己肯定感を高める取り組みを保障することが必要ではないかと考えられます。その際には、教育の根幹を子どもに置くのか、国の教育政策に置くのかが問われるように思われます。

日本の教育の公的支出はＯＥＣＤ（経済協力開発機構）では、三八か国の中で三八位（二〇一九年）とあまりにも低調であると問題になっています。社会は人間がつくり上げた有機体ともいえます。そこに生きる人間をどう育てるのかが、未来の社会を決定付けるため、教育をどのように機能させるかという問題が大切でしょう。

〔3〕今後の課題

ひきこもり問題研究者とともに、ひきこもり当事者の家族と寄り添いつつ相談活動を二〇年余り続けてきました。そのなかで難しさを感じたのは、当事者が中心のシンポジウム（二〇一九年）で報告された相談事例のなかに、自殺未遂が五例中四例あったことです。この問題をめぐる支援の難しさに気づいて以来、生命に関わる問題について、ひきこもりの理解のある精神科医との提携を考慮しながら問題解決への糸口をみつけようと努力しています。

二〇〇六年にできた「自殺対策基本法」の成立により、自殺予防のための予算措置がとられ、対応は大きく前進しました。ただ、ひきこもり当事者の自殺という問題は、当事者からの相談が難しいことも多いため、国や行政を含めてどのような支援が必要なのかを、現場の実情を踏まえてよく考える必要があると痛感しています。

筆者が身近なケースや本稿のケースなどをふまえてひきこもりの自殺予防について大切だと考えるのは以下のような点です。

①ひきこもり当事者に自殺をほのめかす言葉や行為が見られた時は、可能な限りその気持ちに共感し、受けとめて話し合う。そのうえで、最後に「死んではだめ」と、はっきり言い切る。

②リストカットや自傷行為（女性の場合に多い）が見られた場合は①と同じ対応をとる。

③右の①と②が重なる場合、ひきこもり問題に理解ある精神科医と相談する。

④自殺につながる行動が見られた時はためらわずに救急車を呼び、精神科医に相談して入院も考える。

⑤一人暮らしのひきこもり当事者の自殺予防のために、学校関係者や地域の人たちによる声かけの努力を強める。

いずれにせよ、ひきこもり当事者が「自分を責める」ことから自殺に至るのを防止すること、当事者に「声かけ」をしていきながら、やる気や生きる力を起こさせる体験（散歩、スポーツ、好きな趣味などがその第一歩になる場合があります）を促す方向で働きかけることが大切であろうと思われます。当事者がひきこもりながらも自己肯定感を高められる環境や「居場所」の必要性を認識できれば、状況を変える可能性があると思われます。

参考・引用文献

斎藤環『社会的ひきこもり』ＰＨＰ新書、一九九八年（改訂版二〇二〇年）。

泉　翔「当事者だからできる永久支援」『都市問題』四　vol.一一〇（二〇一九年）。

高橋祥友『自殺予防』岩波新書（二〇〇六年）。

廣川聖子他十名「精神科治療を受けていた自殺既遂者の心理社会的特徴——心理学的剖検による七六事例の検討」『精神神経学雑誌』第一一五巻第九号（二〇一三年）。

池上正樹『ひきこもる女性たち』ベストセラーズ、二〇一六年。

谷　冬彦他編著『さまよえる青少年の心』北大路書房（二〇一四年）。

安田生命社会事業団編「家族の病理と家族療法」安田生命社会事業団報告書（一九八七年）。

淡野登志「〝ひきもこる〟アイデンティティの獲得とその支援」『心理臨床学研究』二二巻（二〇〇四年）。

劉　傑「ひきこもる行為の意味の再解釈過程—ひきこもり者の支援実践を事例に」『社会教育研究』三三巻（二〇一五年）。

藤本文朗他『何度でもやりなおせる——ひきこもり支援の実践と研究の今』クリエイツかも

がわ（二〇一七年）。
藤本文朗、森下博『「あたりまえ」からズレても』日本機関出版センター。（二〇二〇年）
森岡孝他編『過労死110番――働かせ方を問い続けて30年』岩波書店（二〇一九年）。
早川淳、藤本文朗「ひきこもり過程への検討」『国際文化政策』第一〇号、二〇一九年。

コラム　多様なのが「あたりまえ」

昨年、Twitterに投稿されたある写真が私の目に留まりました。その写真には、本来、同じ形になるはずのない目玉焼きが、あえて均一に切り揃えて配置されていました。写真のタイトルは「わたしが思う日本の学校教育への疑問」でした。

現代社会において行動の規範は、ともすれば他者がどう思うかであり、他者との違いがいかにないかです。逸脱した行為は集団から排除され、孤立をもたらします。私は、この写真が、「個性」ではなく「普通」を求める日本の社会をわかり易く表現した写真だと感心する一方で、自分の過去の経験を思い返していました。その経験とは、「元ホームレスへの支援課題」をテーマに修士論文を執筆していた頃、元ホームレスの人々を対象に行ったインタビュー調査です。

できるだけ先入観を持たずにインタビューを行うことは基本ですが、当時の私は、修士論文の完成を急いでいたため、自分の中に答えがある状態でインタビューを行っていました。結果、自分が期待していた回答を得ることができませんでした。それどころか、いくら話を聞いても具体的な回答すら得ることができませんでした。例えばAさんの場合、ホームレスに陥る決定的な要因であろう生活場面になると口を閉ざしてしまいました。またBさんは、「いつの間にか路上生活になっていたので、特に理由はない」と言い切ったのです。インタビューの失敗の原因は明らかで、私が「普通」でない人たちの「個性」に目を向けるのではなく、ホームレスというレンズを通して「画一的」に見ていたからです。元ホームレスの人々のライフストーリーを聴いていくと、それぞれ違った生き方、幸せ、人生の躓(つまず)きがありました。つまり、ホームレスという言葉は、路上生活者を総称して呼ぶ呼称にすぎないのであって、一人ひとりには、違った個性＝生き方の多様性があったのです。

　私は、より多くのホームレスの人々と関わりたいと思い、「夜まわり」の活動を行いました。京都の鴨川、京都市役所周りを中心に回ってホームレスの人々を支援する活動です。私は、ここでもやはりその人の過去やホームレス脱却後の未来に関心がありました。ひと口にホームレスといっても、その居住形態は多様で、「定住型」、「移動型」、ネットカフェ難民等その形態は複雑です。わたしが接した中では、「移動型」が多く、次の週にはもう移動していることが少なくなかったので、必死にその人の過去を聞こうと試みていました。しかし、「夜まわり」の活動は、無理やりその人の過去を掘り返すとか、路上から排除して生活保護に繋ぐ等の強要をしない方針で行われていました。私はこの活動を通して、積極的に「介入」するのではなく、「寄り添う」といった支援の形があることを学んだのです。

元ホームレス（生活保護受給）の方が、「今の生活をどう思うか」という私のインタビューに対して、次のように語ってくれました。「『これでいいの？』という思いも深いところにあります。だったら何か行動を起こせよと他人に指さされて、何も応えられないことにも、引っかかる思いはあります。だから『いま』を肯定しているしかないと思います。開き直りとも少し異なりますけど。何か考えると複雑です」。

この語りのなかで表現されている、このままでいいのかという「不安感」、しかし、どうにもならないという「現状」。そこに秘められているのは、きわめて人間的な内面的発達要求ではないでしょうか。その要求が、主体的な行動に移るタイミングや方向は、人それぞれ多様なのが「あたりまえ」です。時には、「待つ」ことも大切なのではないでしょうか。

石田史樹（地域包括支援センター社会福祉士）

3　ひきこもりは日本に多いか——外国人観光客対象の意識調査から

藤本文朗

日本の「ひきこもり」は二〇年後（二〇四〇年ごろ）約一〇〇〇万人になるという推定もあります（質的には「八〇五〇問題」も）。なぜ日本にはひきこもる人がこんなに多いのかという疑問が当然出されます。こういった問題意識の高まりは、学術領域におけるひきこもり研究の蓄積にも反映されています。その射程は、医学・社会福祉学・心理学から社会学・教育学に及び多彩ですが、特に顕著な業績としては、二〇一〇年度から二〇一二年度に行われた「日仏ひきこもり比較研究」を挙げることができるでしょう。これは、日仏両国の学際的研究者チームによって実施されたもので、各国の事例研究に加え、ひきこもり当事者の家族に関わる背景、経済状況、社会文化的背景、個々の精神病理、精神症状の有無について、精神医学的、社会学的、人類学的、哲学的、心理学的な視角から分析がなされています。しかし、日本以外では「ひきこもり」人数の統計的調査は行われていません。

高い権威を有する『オックスフォード英語辞典』（第三版）に、用語として“hikikomori”が収録されたのは二〇一〇年のことです。二〇一〇年八月二〇日付の日本経済新聞は次のように報じています。

英オックスフォード大学出版局の英語辞典「オックスフォード・ディクショナリー・オブ・イングリッシュ」の改訂版が一九日に出版され、新たに収録された単語二〇〇〇語の中に、日本語の「ｈｉｋｉｋｏｍｏｒｉ（引きこもり）」……などが入った。

「引きこもり」が英語として〝認定〟されたのは、欧米では若者による「引きこもり」自体が日本のようには社会問題化しておらず、英語で正確に表現できる言葉がないことが背景にあるとみられる。

またゲームやアニメといった日本のサブカルチャーと「引きこもり」がイメージ的に重なる点を指摘する声もある。

今回出版されたのは第３版で、語源が日本語の言葉としてはすでに第２版で、「オタク」や「過労死」「ラーメン」「昆布」などが収録されている。

「引きこもり」は、社会との接触を異常なまでに避ける現象とし、一般的には若い男性に多いと説明された。

〔1〕「ひきこもり意識調査」概要

このできごとについて、記事が、日本語由来の英語として「ひきこもり」が採用された理由を、「欧米では若者による『ひきこもり』自体が日本のように社会問題化しておらず」としているのは興味深いことです。単語としての「ひきこもり」や、その語義に関する外国人の意識を知ることで、日本の「ひきこもり」という現象を理解する手がかりが得られるかもしれないと考えました。

そこで京都市（主として東山区）を訪れた外国人観光客を対象にアンケート調査（英文）を行い、日本人への同じ調査と比較しつつ「ひきこもり」の認知度の調査をし、その結果と、これまでの私たちの研究とをふまえて検討しました。なぜ日本に「ひきこもり」が多いのかを直接解明するものではありませんが、ひきこもり当事者、家族の目線から考察してみます。調査の概要は次の通りです。

（一）調査主体

・「東山区 不登校・ひきこもりを考える親の会」（代表 大槻明美氏）を中心とした当事者、その親が調査員として対面によりアンケート用紙（英語版）の質問に答えてもらうという形で実施。参加したひきこもり当事者には一時間あたり一〇〇〇円を支払いました。

（二）調査対象

・主に京都市東山区周辺の外国人観光客および日本人。
・日本人学生を対象とした調査は二大学（日本人を対象とした調査については、周辺に点在する大学のゼミ等において同様アンケート用紙による追加調査も実施した）と日本人の観光客。
（三）調査期間・日時
・二〇一七年六月～八月（清水寺付近、東山区役所付近）
・また筆者がその後（二〇二〇年四月まで）、日本に長くいる欧米人一〇人余りに個人的に上記のアンケートをしながら、日本のひきこもりについての意見を多少時間をかけて話し合いました。
（四）調査項目は一八八ページの別項を参照してください。

〔2〕結果から読みとれること

調査結果とその考察を以下に述べます（個別の集計については一九〇ページの表を参照）。また調査対象になってくれた外国人の内訳は以下の通りです。

韓国二六人、台湾一五人、中国一八人、香港八人、他のアジア諸国（インド、インドネシア、シンガポール、スリランカ、ベトナム、マレーシア）一五人、オセアニア（オーストラリア、ニュージーランド）六人、南米（ブラジル、メキシコ）三人、アメリカ・カナダ二〇人、ヨーロッパ（内訳は、イギリス、アイルランド、イタリア、オランダ、スイス、スコットランド、スペイン、チェコ、デンマーク、ドイツ、ノルウェー、ハンガリー、フランス、ポルトガル、ロシア）一五四人です。

「ひきこもり」の認知について

日本人回答者二六九人のうち九八パーセントは「ひきこもり」という言葉を知っていて、身近にいるという人も一九パーセントに達しました。それに対して、外国人回答者一五四人（三一か国）のうち〝ＨＩＫＩＫＯＭＯＲＩ〟という単語を知っていると回答した人は五一人（三三パーセント）に過ぎません。

さらに、質問２でオックスフォード英語辞典を引用し、あなたの国で「ひきこもり」はあるかと尋ねた質問には、一五四人のうち六六人（四四パーセント）が〝Ｙｅｓ〟と回答し、質問１の「ひきこもり」単語認知率より若干の増加が見られるものの、これは調査員が「ひきこもり」という言葉についてその場で口頭により簡単に説明し、その結果同様の問題が自国でも存在すると認識した結果を反映しているためでもあるでしょう（調査員の簡単な説明を聞くと、自国には「少し〔a little〕同じような問題がある」と表明するものの、割合や統計的数値については、知らないという返事がほとんどでした）。

むろん、本アンケートは回答者の「意識」を尋ねたものであり、ひきこもりそれ自体の実態を（おおよそ反映しているとは思われるものの）精査したものでありません。しかし、この調査結果からは、少なくとも「狭い意味での」ひきこもりは、日本にだけ存在するものではないが、相対的には、

アンケート調査　質問項目（英語版と日本語版）

1　「ひきこもり」という言葉を知っているか？　□ yes　□ no

2　あなたの国でも「ひきこもり」の人がいるか？　□ yes　□ no

3　なぜ日本にはひきこもりの人が多いのか、あなたはどう思うか？

　① 本人の甘え（spoilt）

　② 親の過剰な支援（care of him/her too much）

　③ 学校教育

　④ 日本社会自身にある

　⑤ その他

4　知り合い、近所に「ひきこもり」の方がいるか？

5　その他この問題についての感想を自由に

6　あなたの国、年齢を教えてください。

アンケートの協力に感謝します。

※各項目について回答を選択、または筆記する方法で実施

日本に突出して多い現象であると推察されます。国ごとのサンプル数が少なく、また外国現地での調査ではなく、主に観光目的で来日した人――つまり多少なりとも日本に関心を持っている人、日本の事情や社会問題を知っているかもしれない人――が回答しているという問題も潜在します。しかし、「ひきこもりは国際的にみて日本に多い」という仮説を、ある程度まで肯定的に裏付ける結果であるとはいえそうです。ただし、先ほど「狭い意味での」と但し書きしたのには理由があります。それを国別の傾向から説明します。

国別の傾向

日本にひきこもりが一〇〇万人存在するのは、実務家や研究者の共通認識です。回答者が生活する諸外国の様子をもう少し概観してみましょう。

①韓国からの回答者は、約七七パーセントが「ひきこもり」という言葉を認知しており、今回の調査では突出して高い割合を示しました。韓国では日本語の「ひきこもり」を訳し、「히키코모리」といいますが、これは漢字では「隠遁型」（一人ぼっちという意味）と表記されます。こういった言葉が存在することと合わせ、日本に次いでこの問題が多いのは韓国であることは間違いなさそうです。

②本調査においてきわめて特徴的であったのは、アメリカ・カナダの回答者の九〇パーセントは「ひきこもり」という言葉を知らず、認知していたのは、わずか一割しかいなかったということです。にもかかわらず、オックスフォード英語辞典の内容を見せ、「同様の問題が自国にも存在するか」と問うた質問2では、七〇パーセントが「存在する」と回答しています。この「同様の問題が自国にも存在するか」という質問に限っていえば、アジア全体の平均＝四四パーセントよりも高いのはもちろん、上記の韓国よりも大きな割合を示しています。

韓国においてはひきこもりに該当する用語が存在していること、アメリカではひきこもりと同じ問題の存在が広く認知されていること、この両調査結果を考慮すると日本のひきこもりに似た現象

図　「ひきこもり」を知っているかに関する調査結果

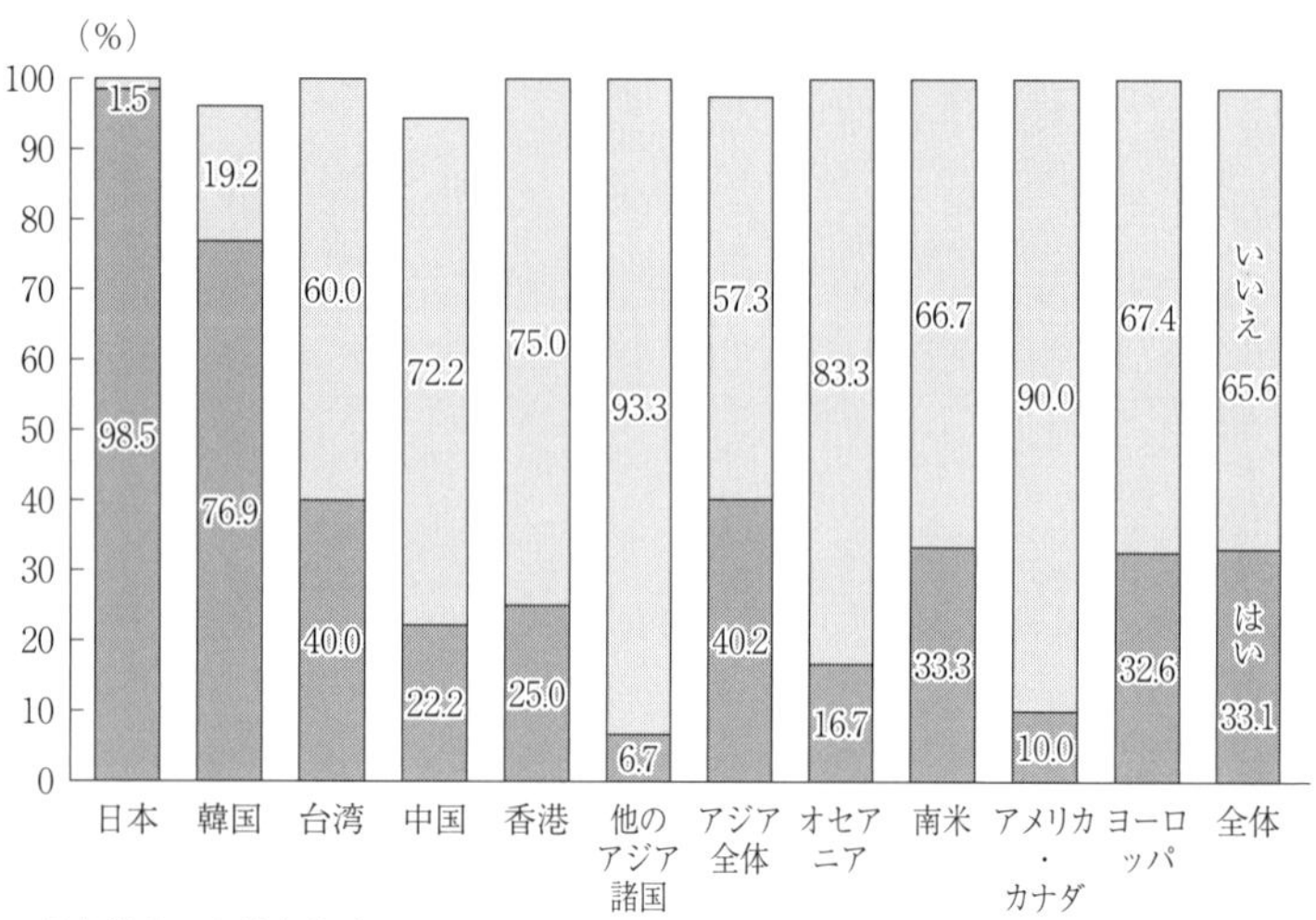

※調査結果より筆者作成

は海外にも存在する可能性が高いです。ただ、それが、いわば日本発祥の（？）狭い意味での「ひきこもり」と実態的にどのような相違があるのかについては、今後の調査テーマです。アメリカの場合、拳銃発砲や薬物依存症などいわば"antisocial"（反社会的）な問題に対する社会的関心が高い傾向が回答者との会話からは感じられました。ひきこもりのような、"asocial"（非社交的）な問題についてはどうかということを含めて検討する必要があるでしょう。

③ヨーロッパ在住の回答者からは、ＮＥＥＴ（イギリス）、ＮＩＮＩ（スペイン）と呼ばれているとの答えがありました。イタリアのミラノには支援団体として"ＨＩＫＩＫＯＭＯＲＩイタリア"があり、いわゆるひきこもりはイタリアに一〇万人いるとの報道もあります（読売新聞二〇一七年八月三一日付）。やはり、類似の問

題が規模の違いはあれ、各国で発現傾向にあることが窺えます。ただし、アメリカ・カナダの場合に「ひきこもり」という単語そのものの認知は少数であっても、同様の問題が自国に存在することを意識する人はかなりの割合に上ったのに対し、ヨーロッパの回答結果を見る限りでは、同様の社会問題を意識している人も、単語の認知率とほぼ同水準（三割強）であるということです。その点では、そもそもヨーロッパの場合、ひきこもることを問題として認識しているかどうかという論点も考える必要があるでしょう。当然のことながら、地域経済のありよう、コミュニティのありようは日本とは違います。個人や家族に対する社会的価値観の違いもあるでしょう。それが、国という大きなくくりにおいては、ひきこもる行為に対する異なった見方をもたらすことはありうることです。もっといえば、「ひきこもりは悪なのか」という問いに普遍的な解は存在しないともいえるでしょう。本テーマの難しくも興味深い点です。

④台湾では、「ひきこもり」という単語の認知率も、同様の問題の意識率も四割台でした。ひきこもりは、「啃老族」すなわち「親のお金に頼っている人」、あるいは「家裡蹲」すなわち「家に閉じこもった人」と呼称されているとの回答がありました。欧米に比べれば比較的多いといえるかもしれません。

⑤英文の質問3では「日本になぜこのような問題が存在すると思うか」を質問しました（複数選択可）。回答結果は、「本人の甘え」七・八パーセント、「親の過剰な支援」二二・七パーセント、「学校教育」一七・五パーセント、「日本社会」二七・九パーセント、「その他、未回答」三七・〇

パーセントでした。「その他」に該当する数人は、情報ツールの拡大（例：スマートフォン、SNSなど）を挙げる人が多く、加えて、社会構造の変化と関連しているという回答もありました。

〔3〕欧米人のコメントなどから見えてくるもの

日本に半年以上いる欧米人（アメリカ、フランス、イギリスなど）に、私が個別にひきこもりについて話し合った結果と、私の文献的研究とあわせて考えてみますと、あらためてマイケル・ジーレンジガー（M. Zielenziger）の『ひきこもりの国――なぜ日本は「失われた世代」を生んだのか』（二〇〇七年、光文社、原典は"Shutting Out the Sun" 二〇〇六年）という本の指摘に注目させられます。マイケル・ジーレンジガーはプリンストン大学（アメリカ）の学生時代より日本に関心を持ち、ジャーナリストとして一九九六年から七年日本にいて、上記の本をまとめました。氏は、「ひきこもり」の日本特有の社会的背景として、㋑借り物の民主主義、㋺独立していない「個人」、㋩働きすぎ病の中で、貧困なライフスタイル、㋥ブランド崇拝、㋭情報技術革新に対応できない日本型組織、㋬日本型宗教などがあり、これらのうらには「鉄の三角形」として政、官、財による個性を排除する集団的保守主義があると指摘しています。マイケル・ジーレンジガーは欧米の日刊紙三十数紙を保有するナイトリッダー社の東京支局長で、その立場を生かし、日本のひきこもり当事者、家族、研究者と直接、粘り強くインタビュー（日本人の通訳で）をして、データに基づいて（あえていえば社会学的研究方法）理論化しています。

私は、氏の言う日本の「集団的保守主義」とは一九八〇年代以降の日本社会の中で強められてきたものであり、いわゆる新自由主義――平易に言い換えれば、「経済的に強いものがより強くなっていき、経済的に弱い立場にある者はより弱くさせられる」経済・財政運営、あるいは「金がある人には自由があるが、貧しい人には自由がない」「貧困は自己責任」を当然と見る経済思想――の影響を受けていると考えます。日本では儒教的な家族主義や企業主義など、個の多様性が実質的に認められにくい土壌があるとも思われ、そうしたことも加わってくるでしょう。

国際的研究の動向からいえるのは、欧米では「ひきこもり」は存在するものの、社会問題化はしておらず、今後、問題化する可能性があるということです。そうしたこともふまえつつ、ひきこもりは、日本における新自由主義や個の多様性が承認されにくい国民性を背景に生じた現象であるということも可能ではないかと考えます。

この調査を通じ、日本の新自由主義とひきこもりのかかわりを、欧米の人々への個人的なインタビューを通して多少深めることができました。

アメリカ人の回答者の一人は、「アメリカでは基本的に一八歳になれば家を離れるのが基本。問題がある人は、ひきこもりでなくホームレスになっている」と語りました。ひるがえって考えると、日本では困難を抱えた個人、ケアの必要な個人を家庭内にかかえているという面があると感じます（介護についても似た問題が指摘されていますが）。日本は、社会的矛盾を背景に生きづらさを感じる人のケアを、国や社会が家族に押し付けているということもいえるのではないでしょうか。

あるフランス人の回答者は、「欧米でも不登校やひきこもりがいると思うが、日本の社会のように親や地域の人がさわがない」と言いました。ある意味で、個人が「ひきこもる自由」を周囲が認めているということかもしれません。このような個人に対する見方も日本社会、日本人が考えてみるべきことではないかと考えます。

ドイツ人回答者の一人には、「日本人は働きすぎでせかせかしている。もっとゆったりした社会になればひきこもりも少なくなるのではないか」と言われました。日本がヨーロッパに比べて労働時間が長い傾向にあることは事実です。それによるストレスが心身の負担となり、人間が過ごす時空間が貧困化しているということはたしかにいえるでしょう。またAI（人工知能）の導入などがそれを加速させているとの声もありましたが（ロシア人）、そうしたことも職場における人間関係に影響するとすれば「ひきこもり」という現象にも影響すると思われます。

＊

この調査はすでにみたように、さまざまな制約を持ったものではありますが、「ひきこもり」という現象に関する外国の人々の認識を通して、日本の現状を認識するためにヒントを与える興味深い点を持っています。社会的支援の必要な家族の問題は諸外国でも生じています。すでにみたような国際的動向、あるいはその研究の動向を注視しながら、今後も社会のありようと深くかかわる「ひきこもり」現象の日本的な特徴を探っていく必要を感じます。「ひきこもり」という「社会問題」がある社会とない社会があるとしたら、それは個人の生き方、あるいは生きづらさを考えるうえで大事な問題提起を含んでいるように思われます。

本節は藤本文朗、主馬建之助他「地域課題としての『ひきこもり』　それは日本特有の現象か」『創発』一七号、二〇一八年をもとに大幅に修正したものです。

参考・引用文献

斎藤環「大量衰弱死の前に支援体制を確立すべきだ」『ＡＥＲＡ』二〇一九年八月二六日号。

『日仏ひきこもり比較共同研究』、研究代表者・古橋忠晃、二〇一〇年〜二〇一三年、日本学術振興会科学研究費助成事業（２２４０２０４５）。

日本経済新聞（電子版）二〇一〇年八月二〇日「『ヒキコモリ』『ブブゼラ』英オックスフォード辞書に」http://www.nikkei.com/article/DGXNASFK2000J_Q0A820C1000000/　二〇一七年九月二五日閲覧。

マイケル・ジーレンジガー（河野純治訳）『ひきこもりの国』二〇〇七年、光文社。

漆葉成彦・藤本文朗他編『何度でもやりなおせる』二〇一七年、クリエイツかもがわ。

コラム　生きづらさを自己表現する

ひきこもる人やその家族にとって、自分たちのことを他人に話すことが難しいことがままあります。気恥ずかしさや劣等感、羞恥心（しゅうちしん）が掻き立てられることでもありますし、そもそも話し相手が理解してくれるかどうか不安になることもあります。他人とかかわる際の最初の第一歩として、〈他人に対して自分をいかに表現するか〉。この当事者の自己表現のしづらさについての命題は、ひきこもりをふくめた生きづらさに関わる根本的なものだと思います。

そのため、傾聴やセルフヘルプ・グループでの「言いっぱなし・聞きっぱなし」という作法、あるいは最近話題になったオープン・ダイアローグなど、対話において当事者の自己表現への障壁を低くする取り組みがさまざまな場所で行われています。誰もが安心して自分のことを話せる場が保障されているということが、現場に浸透してきている証（あかし）だと思います。

また、実際に面と向かって話すだけでなく、当事者・経験者（元当事者）たちが集まって雑誌や新聞を発刊したり、自分史や体験談などを手記として出版したりなど、自分のことを文章などにして何らかの形で発信するということも、ここ数年で当事者の自己表現の手段として活発化している印象を受けます。あるいは文章に限定されず、絵画や音楽などの芸術活動も、当事者の自己表現活動の一環といえます。

　前者が他者と面と向かって行われるダイアローグであるとすれば、後者は、一見モノローグ的でありつつ、自分との対話、あるいは作品を媒介とした他者とのダイアローグとしてもとらえることができるでしょう。

　私事でいえば、一〇年ほど前に卒業論文として自分史を書いたことがありました。その当時は、ひきこもった後に大学に入り数年が経っていましたが、大学内で私のひきこもった過去を知っていたのは、所属ゼミの指導の先生と当時お世話になっていたカウンセラーぐらいで、同級生に対しては自分について語ることはありませんでした。なんとなく羞恥心がありましたし、その時はあまり過去について振り返らないようにしていたこともあり、また、たとえ話したとしても相手に理解さえしてもらえないだろうという思いもあったからです。

　自分史をまとめてみてわかったことは、自分の経験を整理し、秩序づけることによって、モヤモヤしていた自分の生きづらさがハッキリと輪郭をもってくるということです。そして自分の経験に整理がつくと、つたないながらも他人に自分のことを伝えやすくなるということも、自分史を書いてみてわかったことです。そして私は、当事者として主体化するきっかけとして、当事者の自己表現活動をとらえ返せるのではないかと思うに至りました。

　社会的ひきこもり若者支援近畿交流会での活動など、この数年で活発化している当事者・経験者が中心的に関わる活動は、当事者の主体化をうながす自己表現活動という側面があります。

そこで大切なのは、上手／下手という評価軸を超えた、自分に向き合う（モノローグ）ことを通じて、つたないながらも他者と向き合っていく（ダイアローグ）、そのプロセス自体です。そういう意味で当事者活動は、昨今の社会における結果重視の風潮を批判的に捉え直す活動とも考えられるのです。

伊藤康貴（長崎県立大学地域創造学部公共政策学科講師）

4　ひきこもり家族のいる高齢者

渋谷光美

みなさんは、二〇一七年一二月に札幌市中央区の住宅街にあるアパートの一室で起きた、高齢の母親（八二歳）とその娘（五二歳）が低栄養による低体温症で衰弱死してしまっていた事件をご存じでしょうか。

新聞報道「母と娘、孤立の末に札幌のアパートに二遺体　八〇五〇問題支援急務」（北海道新聞朝刊二〇一八年三月五日）によると、一月六日午後、検針に来たガス業者が異変に気付き、別室の住民が室内に入って遺体を発見しました。道警の司法解剖の結果、二人の死因はいずれも低栄養による低体温症。母親は二〇一七年一二月中旬に、娘は同月末に、それぞれ飢えと寒さで死亡したとみられています。

ストーブには灯油が入っていましたが、エラーと表示されて停止しており、冷蔵庫は空で、床にはお菓子の空き袋や調味料が散乱していました。そして室内には、現金で九万円が残されていました。親子は週に一度だけ、近所の銭湯に通っていました。銭湯の女性店主（七八歳）は、二〇一七年一二月二六日、アパート近くの自動販売機でスポーツドリンクを買う娘の姿を目撃しました。ペットボトルを抱えて何度もしゃがみ込み、ふらふらしていたので、女性店主の息子が駆け寄って、一言も話しませんでしたが、アパートの前まで送っていきました。「もう少し手を差し伸べていれば」と息子さんは今でも悔やんでいるということです。

近隣住民の話によると、母親は夫と死別後の一九九〇年ごろに娘と、築四〇年二階建てアパートの一階の部屋に入居しました。収入は母親の年金だけでした。娘は高校卒業後、就職しましたが、人間関係に悩んで退職し、ひきこもり状態になっていたようです。障がい者手帳や病院の診察券などは見つかっていないそうです。親子は近所づきあいを避け、周囲に悩みを漏らすこともなかったそうですが、母親と交流のあった女性が数年前から、生活保護を申請するようにアドバイスを続けました。ただ、母親は「他人に頼りたくないから」とかたくなに拒んだといいます。

本章では、「八〇五〇問題」の高齢の親を意識しながら〔1〕国の課題としての家族問題、〔2〕親と子の関係性、〔3〕高齢の親の生活について考えます。

〔1〕国の課題としての家族問題

厚生労働省は、二〇〇九年に、ひきこもり対策推進事業を創設し、二〇一八年には、生活困窮者自立支援制度（二〇一五年創設）との連携を強化しています。ひきこもり地域支援センター設置運営事業による、ひきこもりに特化した相談窓口の設置やひきこもり支援コーディネーターの訪問支援、ひきこもり支援に携わる人材の養成研修、ひきこもりサポート事業を展開しています。

「ひきこもり状態にある方やその家族から相談があった際の自立相談支援機関における対応について」という同省社会・援護局地域福祉課長名の文書では、ひきこもり状態にある方等の特性を踏まえた丁寧で、心情に寄り添う姿勢での対応が強調されています。ひきこもり状態の本人が地域や社会との関係性が希薄な状況、対人関係や将来への不安があり、自己表現の困難性、喪失感や否定感を抱いている場合も少なくないからです。相談窓口につながるまでの間、悩みながら生きてこられた事実を重く受け止め、それまでの人生に最大の敬意を払い、本人やその家族の暮らしを変えたいという思いを何よりも尊重して、その心情に寄り添う一貫した姿勢を求めています。また本人の身近な人、家族や親族等が窓口に来ることも考えられるため、世帯全体を包括的に支援対象として捉える視点が必要であるとしています。

このような社会的支援を必要とする家族問題が表出しているのは、日本に限ったことではありません。

国際家族年

去る一九九四年は、「国際家族年：International Year of the Family（ＩＹＦ）」でした。一九八九年の国際連合総会で採択され定められました。当時の厚生省児童家庭局企画課・児童環境づくり対策室の中村信夫氏によると、国内の国際家族年に関する関係省連絡会議において、国連の定めた共通スローガンである、「Building the smallest democracy at the heart of society」を受けて、和文の国際家族年共通スローガンを「家族からはじまる小さなデモクラシー」とすることが申し合わせられました。「デモクラシー」とは「民主主義」のことであり、家族が抱えている問題で社会的な状況を背景とした課題に対しては、国や地域による積極的支援を行うべきことが再確認されています。

　国連が定めたシンボルマークは、スイス生まれのウィーン在住者が作成したもので、家族が社会の中心にあってハートであることを表しているそうです。ハートは屋根で保護され、大きいハートはさらに小さいハートでつながり、愛情で結ばれる家族員の家庭生活を映したものです。ハートから右に向けての開きは外との連続状態と未来への不確定関係を、屋根のかすった筆使いは家族の複雑性を象徴しているとされています。

　当時の国連事務総長ブトロス・ガーリ氏は、家族の機能は、家族成員の福祉に不可欠な情緒的、財政的および物質的援助を達成すること、そのためには、家族と社会全般の双方において、人権、特に子どもの権利、個人の自由、男女平等の促進を支援しなければならないこと、家族成員がその潜在能力を十分に発揮できるよう、家族の内なる力を強化することが重要であるとしています。

　しかし現実的には、世界中の家族は実際、持続的で厳しいストレスにさらされ、危機に瀕(ひん)していること、その状況に対して、政府、任意組織および民間部門は、家族の多岐にわたる危機の問題と解決に対する新たな認識を促すことが期待されていました。それぞれの国や地域の事情は異なっていたとしても、家族問題は社会的に解決すべき重要な課題になっていることが、国際的に提言されたといえます。

「八〇五〇問題」でいえば、ひきこもり状態にある本人はもちろん、その家族、高齢の親は、長期間のストレスにさらされている事例が数多く報告されています。とくに、家族に対する暴言・暴力行為のある状況や虐待等が疑われる場合は、行政、専門的機関への通報による介入が不可欠となってきます。命と生活の継続保障のために、物理的距離を置く必要がある場合です。また、経済的理由で生活が立ちゆかなくなってしまう場合には、生活保護受給について妨げるものではないことが、生活困窮者自立支援制度でも確認されています。

ひきこもり状態がどのようなきっかけ、経緯で引き起こされたのか、その背景や理由も明確には把握できない高齢の親にとっては、子どもがひきこもり状態にあることを同居家族以外には知られたくないという気持ちが強い場合があります。あるいは周囲に話しても、役所に相談しても何もいいことがなかったといった経験をされていることも少なくありません。子どものひきこもりに関することに限定すれば、ストレスを抱えながらも誰にも相談できないという、社会的に孤立した状態にあることも否めない場合があります。

二〇一八年、イギリスでは、「孤独担当大臣」が新設されたという記事を見聞された方もおられると思います。社会的に孤立状態にある人、また孤立状態ではなくても、孤独感という人間の主観的な感情が長期化することがもたらす生活への悪状況を改善することを目指し、国策として取り上げたことで世界的に注目されました。ひきこもり家族の問題と直接的に関係するわけではありませんが、国の課題としての家族問題を考える上で参照しておきたいと思います（なお、日本政府も二〇二一年二月、内閣官房に「孤独・孤立対策担当室」を設置し、「一億総活躍担当大臣」が担当するとした）。

イギリスの孤独担当大臣

イギリスの「対孤独戦略」という二〇一八年一〇月発表の報告書では、イギリス政府は、「孤独」について、つぎのような定義を採用しています。「人付き合いがない、または足りないという、主観的で好ましくない感情」「社会的関係の質や量について、現状と願望が一致しない時に感じる」というものです（朝日新聞GLOBE+、二〇二〇年一月八日）。

その意味では、物理的に一人であるかどうかということだけではなく、自分が求める質と量の人間関係が築けているかどうかが判断基準となります。ロンドンで二〇一八年一〇月九日に開かれた「孤独についてのコンファレンス」では、様々な国からの取り組みが報告され、共通していたのは、社会が一丸となって取り組むべき喫緊の課題であるという認識であったといいます。

「孤独」はある種のスティグマ（負の烙印（らくいん））を伴い、多くの人が孤独を抱えながら、根本的な解決策を自発的にとることが難しい。であれば、孤独の不安を抱える人に対して、「自己責任」と突き放すのではなく、その気持ちに寄り添い、解消するためのインフラ・環境づくりが社会として急務だと捉えられているのです（東洋経済ＯＮＬＩＮＥ、二〇一八年一〇月三〇日）。このような視点は、ひきこもり状態にある本人や家族に対する社会的支援を考える上での共通項ともいえます。

政府報告書は、「孤独はスティグマ（汚名、恥辱）とされ、認めることは難しく感じられるかもしれない。なぜ、スティグマなのか。自分が孤独だと認めることは『弱さの表れ』と考えたり、『他人を煩わせたくない』と思ったりするからだ」と指摘しています。

また、ＢＢＣラジオなどの調査では、一六～二四歳の若者がどの年代よりも頻繁に最も強く孤独を感じるという結果であったため、二〇二〇年度からは、小中学校のカリキュラムに孤独の学習を組み入れることを決めたそうです（朝日新聞ＧＬＯＢＥ＋、二〇二〇年一月八日）。

イギリスでは、高齢者の孤独に関する調査の歴史的蓄積があります。その視点も踏まえ、高齢者のみならず、全世代的に問題となっていることが着目され、孤独を測定できる指標作りなど、社会問題として政策課題に取り上げられています。

実際のところ、孤独担当大臣が創設されても基盤となる省はないため、全省庁で取り組む戦略を策定します。担当相は、国家統計局と協力しながら孤独を測る指標を統一化し、専門基金によって慈善組織などに財政支援するという状況だということです。このような現況に対して批判もありますが、他方では、孤独の問題は、たとえば日本でいえば厚生労働省などが単独で解決できる問題ではなく、省庁を横断するという意味では理にかなっているという指摘もなされています。

在英ジャーナリストの小林恭子氏の「『孤独』に社会で向き合う英国、その背景とは」の寄稿記事によれば、イギリスで引用された研究では、孤独という心の主観的な問題は、「孤独は、一日にタバコ一五本吸ったのと同等の害を健康に与える」といった医療問題でもあるとしています。「もし孤独を防止できれば、五年間で三六〇万ポンド（約五億三〇〇〇万円）の医療費の節約が可能になる」「雇用主には年間二五億ポンド（約三七〇〇億円）、経済全体には（年間）三二〇億ポンド（約四・七兆円）の損失を与える」という、経済問題としても捉えています。

イギリス国内では、孤独問題の悪化は、二〇一〇年以降の保守党政権下で社会福祉のサービス削減による母子家庭への支援の削減、児童や若者が集うユースセンターの閉鎖などの影響によるものだとの批判もなされています。生活基盤の不十分さの問題を解決せずに、孤独問題を解決できるのかというものです。生活基盤の拡充政策は、国として真正面から取り組まなければならない課題であることはいうまでもありません。日本でも、ひきこもり状態の人の推定人数把握とともに、ひきこもりに特化した経済分析による、支援強化のための制度創設が喫緊の課題だといえます。

〔2〕親と子の関係性を考える

子どもがひきこもり状態となるきっかけは、家族、親との関係性が原因だとは限りませんが、本人の思いや悩みにもっと早く気づき、どう向き合えばよかったのかと、そして、現在の関係性についても、ひきこもる本人に気遣いながら、神経をとがらせ、疲弊状態になりながらも、長期間にわたって変化の兆しを待ち続け、悩んでいる家族が多くおられます。

ここでは、一冊の絵本を取り上げます。とくに、ひきこもりの子どもをテーマとしているわけではありません。木と少年との物語です。成長していく少年を見守り、関わりながら、少年が成人した後には、木がわが身を犠牲にして献身的に、少年に与え続ける物語です。

人間同士の関わりについて考える上で、大人の読み手であっても、読むたびに、さまざまな示唆が得られる絵本だと思います。ここでは、ひきこもる子どもとの関係性の一端として、親の方から一方向的な関わりを模索せざるを得ない状況に対して、子どもとの向き合い方を考える契機（きっかけ）になるのではないだろうかという側面に着目しています。

絵本『おおきな木』

シェル・シルヴァスタインの絵本『おおきな木』を村上春樹氏が新たに翻訳し、二〇一〇年に再出版されました（あすなろ書房）。「訳者あとがき」で村上氏が述べています。「原題を"The Giving Tree"といいます。文字通り訳せば『与える木』です。このりんごの木は最初から最後まで、一人の少年に何かを与え続けます。木は原文では『彼女』と書かれています。つまり女性なのです」。

絵本のあらすじは、つぎのようなお話です。

木のことが大好きだった少年は、幼いころは毎日のように木のもとを訪れ遊びました。その後、長い時間、年月が流れ、少年は木登りをして遊ぶ歳ではない大人に成長していました。そして物を買って楽しみたい、お金が欲しいと木に話しました。つぎに現れた時には、奥さんも欲しいし、子どもも欲しい、そのためには温かく暮らせる家が欲しいと話しました。さらに年月が過ぎ、戻ってきた時には、遊ぶには年を取りすぎているし、心が悲しすぎると言いました。ここじゃないずっと遠くに自分を運んでくれる舟が欲しいと。

　少年は、大好きだった木から、あるだけのりんごをもぎ取り、すべての枝を切り落とし、しまいには幹まで切り倒してしまったのです。木は、りんごをもぎ取られても、幸せになりました。少年が戻ってきたときには、喜びに体を震わせました。すべての枝を切られても幸せでした。少年がまた戻ってきたときには、それこそもう口もきけないくらいで、ささやきかけることが精一杯になっていました。木はけなげにも自分の身を犠牲にして、少年に献身的に与え続け、身を滅ぼして切り株となってしまいました。少年は、切り株に腰を下ろしました。それで木は幸せだったのです。

　では、少年の方はどうだったのでしょうか。自分の欲望を満たすことを願い、木によって満たされ続けていたはずですが。木が大好きだった少年は成長し、欲しいものがあると木のもとを訪れました。少年が訪れるたびに木は、少年に子どもの頃のように自分に登って、ぶら下がって、楽しく遊びなさいと話します。少年は、自分に必要な欲しいものについて話します。木は、りんごを持っていきなさい、それを町で売りなさい、そのお金で幸せになりなさいと言います。次の時も、私の枝を切って、それで家を作ればいいわ、そうして幸せにおなりなさいと。その次の時も、私の幹を切って舟を作りなさい、それに乗って遠くに行って、幸せにおなりなさいと。常に木が提案します。「○○しなさい」と。そして少年は、木に「言われた通り」に行動していくのです。

強い親の存在

数年前のある研究会で、社会学者の春日キスヨ氏のご報告を聞いたことがあります。息子による高齢の母親への年金依存の実態についての報告でした。息子は四〇歳代になっても無職だったり、週に二〜三日しか働かず、親の年金に頼って生活しています。家のことは、炊事、洗濯、掃除など年老いた母親にさせていて、何というひどい息子だろうというように、世間からは見られている家庭が増えてきました。

ところが、家の様子について母親から話を聞いてみると、高齢の母親の方が、いろいろと息子の世話をやいているのです。息子のことで、あれやこれや文句を言いながらも、朝からずっと世話をやくのです。そこに強い母親の存在があるのですね。経済的にも母親に頼るしかない息子は、母親のする通り、言われるままに従うしかなく、ますます無気力になってしまっている実態が少なからずあるという、年金依存の親子関係に対する家族問題としてのご指摘でした。

春日氏が指摘した、強い親の存在として木を擬人化してみることは、この絵本の物語のひとつの捉え方として成り立つように思えました。そして、比喩(ひゆ)的にではありますが、木が少年に与え続ける過程は、ひきこもっている子どもとの関係性とも捉えられます。

親の方が、子どもの状態を察して、何とかしてあげなければという一方的な思いから、先回りして与え・支援し続けるのです。目前の子どもの生活意欲を喪失した状態に対して、受け止め見守るだけでは、ますますひきこもってしまうのではないかという不安にかられながら、結果的に双方向のコミュニケーションを図れないまま、親から手を差し伸べるしかなかったことが示唆されます。たとえ別居している子どもであっても、ある時期までのような、自立した社会人としての生活ができなくなり、ひきこもっている状態に対して、高齢の親が訪問して面倒を見続けている事例もあります。

関係性の変化

物語の中では、ずいぶん長い時間が流れた後、少年はまた戻ってきました。少年がものを欲し、木は身を犠牲にして欲するものを与えようと少年に指示し、少年は言われた通りに木から奪い取っていくという構図に、少し変化が生じています。

それまでは、木のところに戻った少年に、木は即座に「自分に登りなさい、枝にぶら下がってりんごを食べなさい、木陰で遊んで幸せになりなさい、楽しく遊びましょう」と言っていました。ところが、古株となった木は、「ごめんなさい、私にはもう何もない、あなたにあげられるものが……」と言い、さらに「りんごはない、枝もない、幹もない」と言いながら、少年と言葉のやり取りをします。その後も、「あなたに何かをあげられるといいのだけれど……何も残っていない、ただの古株、悪いのだけど」とまた謝っています。少年の方も、「僕はもう、特に何も必要とはしない」と言いました。

その変化を生じさせた契機（きっかけ）は、木がもう与えられるものが何もない状態に陥ったこと、と同時に、少年もまた物を欲しない境地に至ったということの両方が考えられます。そして、木がいきなり指示的な言葉を発することなく、会話を交わすという変化が生じているとも捉えられます。

現実的にも、親の加齢などによる変化が影響して、ひきこもり状態にある子どもに、それまでとは異なった変化が生じることもあります。たとえば、親が要介護状態になったことにより、ひきこもりながらも家事に協力的になったり、預貯金の残高が減少した通帳を目にして、どこかに相談する必要性を以前よりも痛感し始め、医療や専門機関への受診につながったりする事例も報告されています。

逆に、親の要介護状態によって、他者が訪問し家に上がり込むことに対して、子どもが態度を硬化させ、暴言・暴力が誘発されたり、親が介護サービス利用もできない状態に陥る事例もあります。しかし、どちらの変化にしても、家族、親子以外の他者、関係機関の専門職などが、ひきこもり状態にある子どもの情報を得られることにより、解決に向けた糸口が生じることも少なくありません。

〔3〕高齢の親の生活をめぐって

高齢の親にとっては、自分の一度きりの人生をいかに生きるのか、どのように生活を営んでいくのかということは、きわめて重要な課題だといえます。そのことは、ひきこもり状態の子どもがいても変わらないというよりも、子どもがひきこもり状態にあることによる、悩み続けてきた状態を、そのままに受け入れた上で、親である自分の生活を考えることに、大きな意味があるのではないでしょうか。

親には親の、子には子の、それぞれの人生があり、生活への支障があることについては、家族以外の第三者の力にも頼ることができる状態にある関係性を、親の側も築きながら生活を営んでいくということが重要なのです。

高齢者に関する調査

内閣府は、「平成三十年度　高齢者の住宅と生活環境に関する調査結果」を公表しています。全国の六〇歳以上の男女あわせて三〇〇〇人（施設入所者は除く）に対する調査員による面接聴取法による調査で、有効回収数は一八七〇人（六二・三パーセント）の結果です。関連する一部の質問項目について、調査結果を確認します。

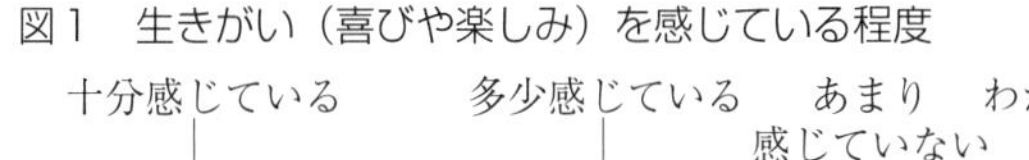

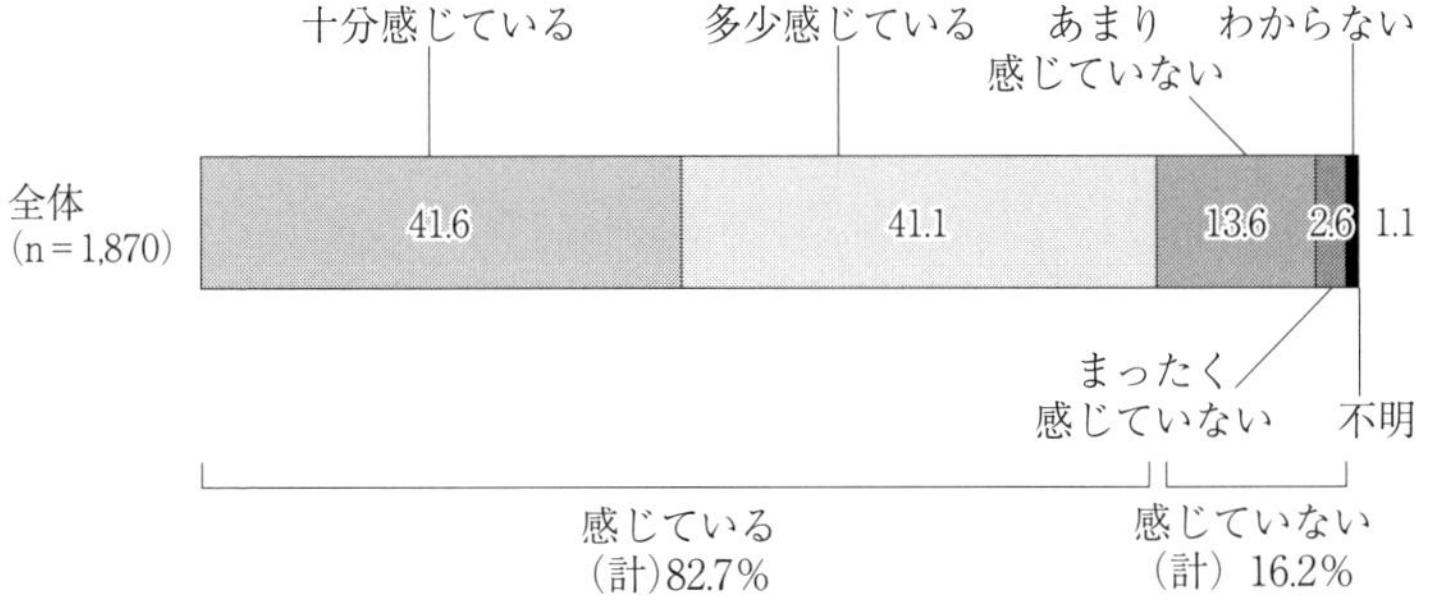

出所：https://www8.cao.go.jp/kourei/ishiki/h30/zentai/pdf/s2.pdf

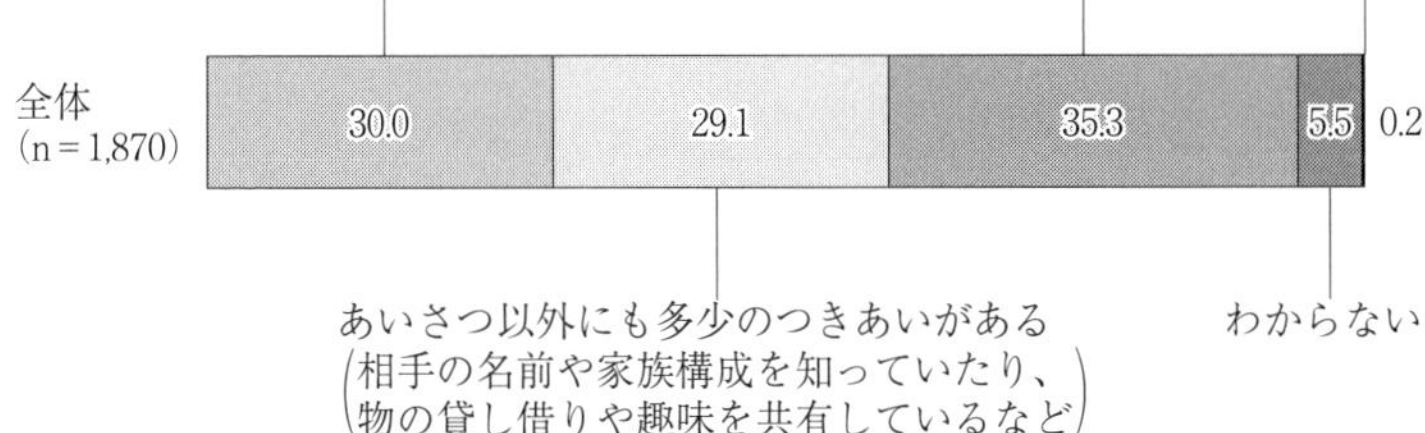

出所：https://www8.cao.go.jp/kourei/ishiki/h30/zentai/pdf/s2.pdf

（一）生きがい（喜びや楽しみ）を感じている程度については、図1のように、現在生きがいを「十分感じている」は四一・六パーセントで、「多少感じている」（四一・一パーセント）を合わせると八割以上が生きがいを「感じている（計）」です。一方、生きがいを「まったく感じていない」は二・六パーセント、「あまり感じていない」（一三・六パーセント）を合わせると一六・二パーセントが生きがいを「感じていない（計）」です。男性では、

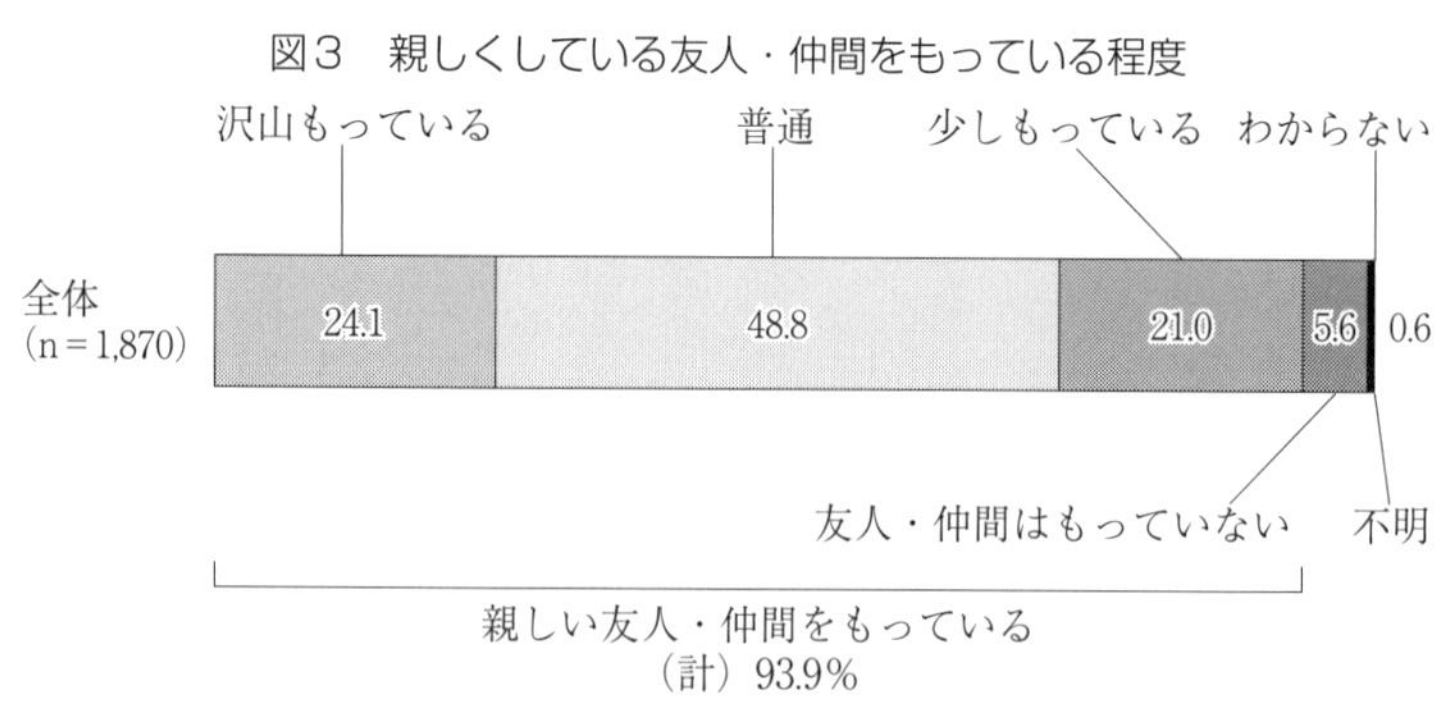

図3　親しくしている友人・仲間をもっている程度

出所：https://www8.cao.go.jp/kourei/ishiki/h30/zentai/pdf/s2.pdf

年齢が上がるほど「感じている（計）」が低くなり、男性八〇歳以上では「感じていない（計）」が二割半を占めます。健康状態が良いほど、生きがいを「感じている（計）」が高いです。

（二）近所の人とのつきあいの程度では、図2のように、「あいさつをする程度」が三五・三パーセントで最も多く、「親しくつきあっている」（三〇パーセント）と「あいさつ以外にも多少の付き合いがある（相手の名前や家族構成を知っていたり、物の貸し借りや趣味を共有しているなど）」（二九・一パーセント）が同程度です。女性は「親しくつきあっている」が三三・二パーセントと、男性（二六・三パーセント）に比べて高いです。男性は、六〇代後半から七〇代前半で「親しくつきあっている」が約二割と低いですが、女性は年齢が上がるほど「親しくつきあっている」が高いです。

（三）親しくしている友人・仲間をもっている程度では、図3のように、親しくしている友人・仲間をどの程度もっているかは、「普通」が四八・八パーセント、「沢山もってい

図４　孤立死について身近に感じる度合

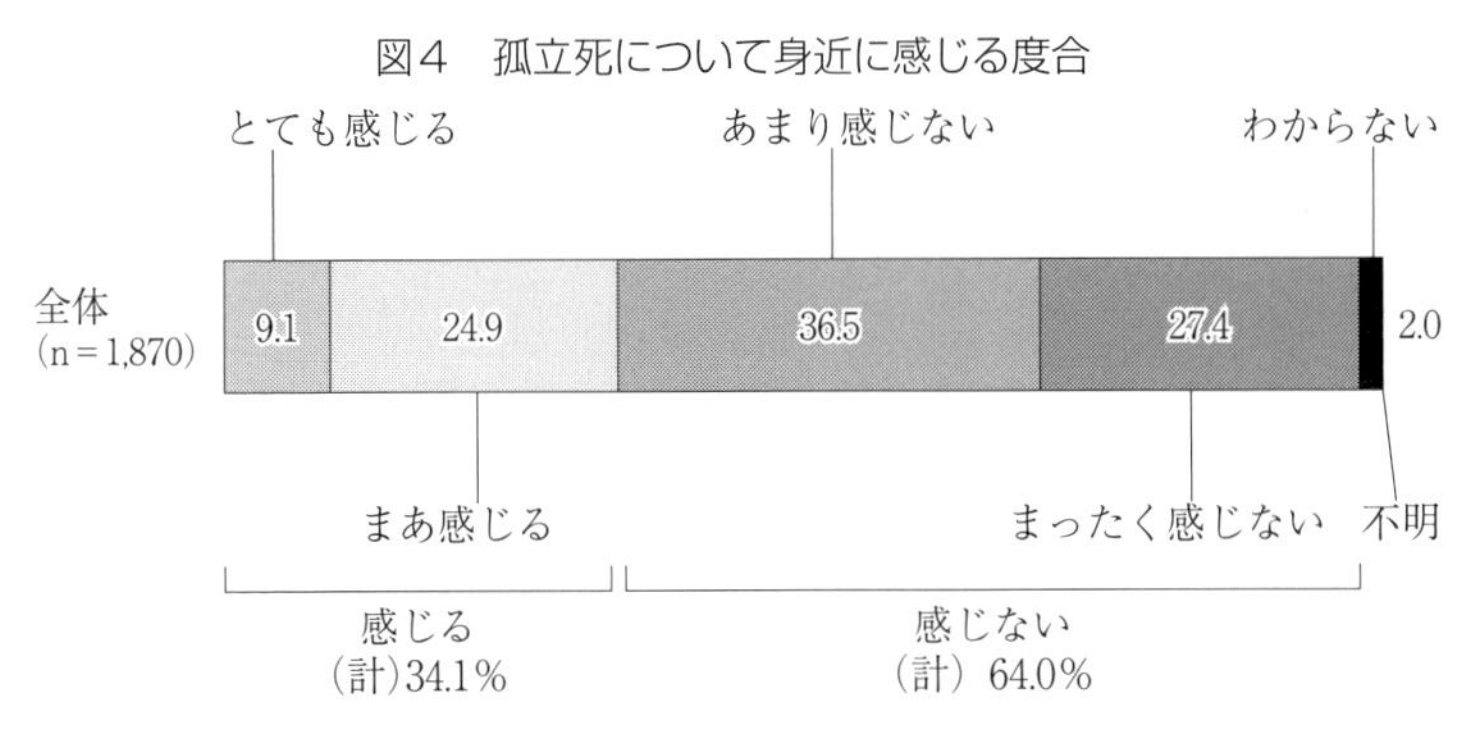

出所：https://www8.cao.go.jp/kourei/ishiki/h30/zentai/pdf/s2.pdf

る」は二四・一パーセント、「少しもっている」が二一パーセントで、九三・九パーセントが親しい友人・仲間をもっています。男女とも、七五〜七九歳で「沢山もっている」が三〇パーセント台と高く、男性八〇歳以上では「友人・仲間はもっていない」が一割強と高いです。

（四）孤立死について身近に感じる度合では、図４のように、孤立死について身近に感じる程度は、「とても感じる」が九・一パーセント、「まあ感じる」が二四・九パーセントで、合計三四・一パーセントが身近に感じると回答しました。「感じない（計）」は六四パーセント。男女とも七四歳以下で孤立死を身近に「感じる（計）」が多く、七五歳以上は年齢が上がると低くなり、八〇歳以上は男女とも二割台になっています。

六〇歳以上の人の四つの質問項目について確認しましたが、読者の皆さんなら、どのような回答をしたと思われますか。生活の支障が生じやすいのではないかという点から、質問項目に対する否定的な回答に着目しておくことにも意味があるかもしれません。

もし、子どもがひきこもっている状態を近所の人には知られたくない、他言したくないという家庭の状況があれば、近所の人とはあいさつをする程度になるでしょう。しかしながら、近所の人ではなくても、同じような状況にある家族会の人と知り合うことができ、専門機関や支援団体の関係者など、相談できるつながりが一つでも家庭の外部にあれば、親である自分自身の生活に生きがいを感じながら、仲間のいる、孤独死を身近には感じることのない生活につながるかもしれません。

伴走型支援

ここでもう一冊、『ごんぎつね』の作者である新美南吉氏の絵本『でんでんむしのかなしみ』のあらすじを紹介します。

一匹のでんでんむしは、ある時、大変なことに気がつきました。「わたしは　いままで、うっかりして　いたけれど、わたしの　せなかの　からの　なかには、かなしみが　いっぱい　つまっているではないか」。でんでんむしは、この悲しみはどうしたらよいかと思い、お友達のでんでんむしのところに行きました。そして、「わたしは　もう、いきて　いられません」「わたしは、なんという、ふしあわせな　ものでしょう」と話しました。

お友達は、「あなたばかりでは　ありません。わたしの　せなかにも、かなしみは　いっぱいです」。それじゃ仕方ないと思って、でんでんむしは、別の友達のところに行きましたが、そこでも同じことを言われたので、さらにまた別の友達のところに行きました。その友達も同じことを言うので、とうとう気がつきました。

「かなしみは、だれでも　もって　いるのだ。わたしばかりではないのだ。わたしは、わたしのかなしみを、こらえて　いかなきゃ　ならない」。そして、このでんでんむしは、もう嘆くのをやめたのであります　というお話です。

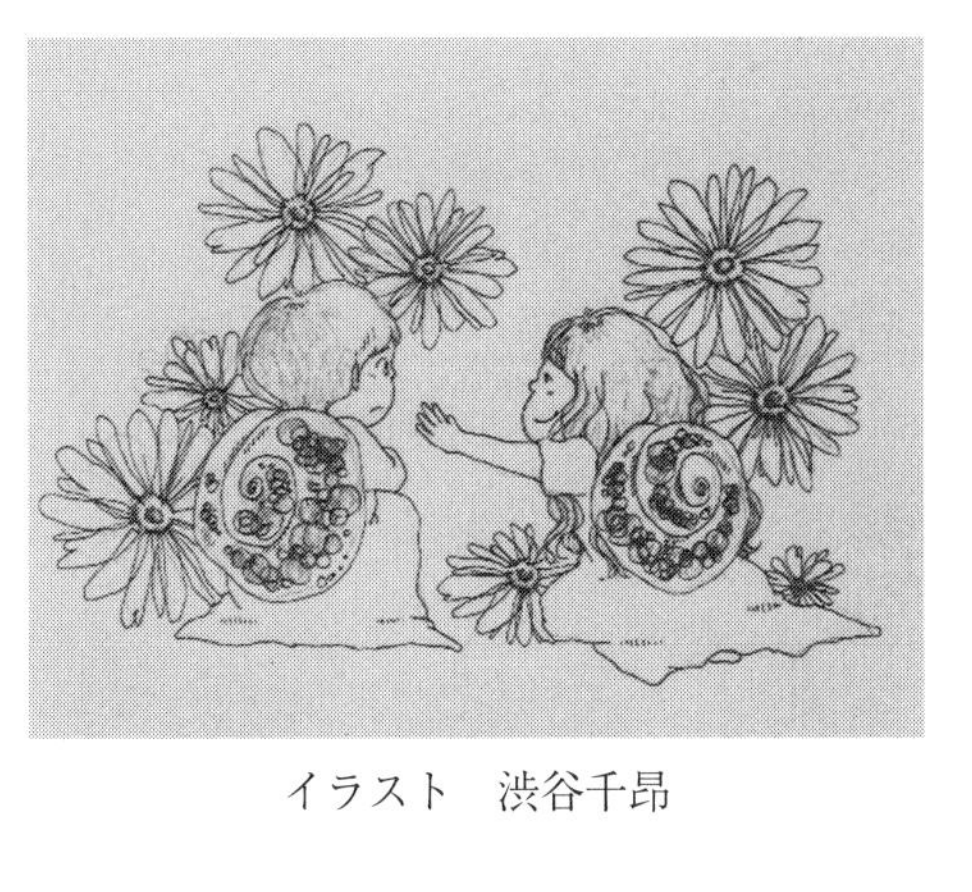

イラスト　渋谷千昂

　でんでんむしは、背中の殻を背負って生まれ、殻を背負いながら生き続けてきました。ところが、ある頃から、背負っている殻は「かなしみ」でいっぱいだという思いにかられ、生きていられないと絶望します。

　この絵本では、「かなしみ」という感情を焦点化しています。「悲しみ」というのは、辞書（デジタル大辞泉、三省堂大辞林）によれば、悲しむこと、悲しい気持ちや心、悲嘆という意味ですが、いつくしみ（愛しみ）、いとおしむこと、情愛をも意味しています。ひきこもり状態の子どものいる高齢の親にとっては、ひきこもり状態にある子どもへの慈しみ、いとおしむ感情の高なりが解決されることなく、長期間抱え込まれている状況ともいえるのかもしれません。

かなしみがいっぱいで生きていられないと思ったでんでんむしは、どうしたのでしょうか。心の内を打ち明けてまわりました。友達を頼ったのです。

他に頼って存在、または生活することを「依存」といいます。依存という言葉には、「自立」の反対語として、他者やモノに保護や支援を求め、それがないと生きていけないなど、自己コントロールがきかなくなるなどの負のイメージがあります。しかし、主体性のある人間として相手の尊厳を保持し、尊重し、支え合い、助けあうことは、お互いに「自立」していくことにつながる、「積極的依存」といわれる意味があります。

ひきこもり状態にある子どもと親との間では、現実的にかなりの困難性があります。その理由や背景としては多くの要因が絡み合っていますが、膠着(こうちゃく)した親子関係が存在します。親と子の二者による親子共依存ではなく、第三者の存在を介すること、家族の外部に依存先をつくることは、ひきこもる子どもにはもちろん、親にとっても重要な意味があります。

ひきこもり状態にある子どもに、直接的には支援できなくなった要介護状態の母親から、コーディネーター役の専門職が子どもの成育歴などの情報を聞き取ることにより、子どもの趣味や特技、関心の高い領域をそれぞれ生かせる居場所や活動の場とつなぎ、就労支援も並行して試みている事例もありました。この事例では、子どもに変化が生じたことがひきこもり状態の解決の糸口となっていたのですが、親の側に着目すれば、自分の生きがいを感じられる生活を再構築する過程として、必要な介護支援を受けたことで、抱え込んでいる悩みの軽減にもつながったともいえます。

困窮生活者の自立を支援する過程として、伴走型ともいわれるような、多様で幅の広い支援の必要性が強調されています。ひきこもり状態の子どもと親とが、家族内で共依存し合うことが長期化している状態であっても、親にとっても、子どもにとっても、それぞれが独自に、頼れる居場所、人間関係を見いだし、伴走してもらえる依存先を、家庭外に見いだせるようなサポートが欠かせません。

家族員がそれぞれに支援を受ける過程を、まずは親の側から受容していきたいものです。たとえば、子どもへの支援が、すぐには就労支援につながらないサポートであっても、否定せず、悲観せず、口出しせず、つまり手は出さずに、目は離さず見守るということです。家族員それぞれへの伴走型の包括的支援により、親子関係にも変化が生じた事例が数多く報告されています。

家族外に複数の依存先を見いだしていける支援の担い手養成と支援実践への報酬保障、その受け皿となる、居場所づくりやサービスの制度化といった社会的基盤整備を、国や行政が早急に着手することがより一層求められています。

参考・引用文献
国際連合広報センター（United Nations Information Centre）「一九九四年、国際家族年」https://www.unic.or.jp/news_press/info_materials/booklets_leaflets/1525/?mode=html（二〇

一九年一二月二一日閲覧）。

中村信夫「特集：二一世紀へファミリー・ヘルスの模索——国際家族年から考える——国際家族年への取組」三ページ、『Bull. Inst. Public Health』四三巻（一）、二〜五ページ、一九九四年。

小林恭子「『孤独』に社会で向き合う英国、その背景とは」二〇一八年五月一六日 https://www.yomiuri.co.jp/fukayomi/20180514-OYT8T50092/（二〇一九年一二月二一日閲覧）。

川北稔、『８０５０問題の真相「限界家族」をどう救うか』二〇一九年、ＮＨＫ出版。

執筆担当

Part 1　森下　博　経歴は奥付参照

コラム　佐藤洋作　NPO法人文化学習協同ネットワーク

コラム　松原美子　鎌ヶ谷市議会議員

Part 2　森下　博

高井逸史　経歴は奥付参照

石井　守　経歴は奥付参照

コラム　小畑耕作　大和大学教授

Part 3　漆葉成彦　佛教大学保健医療技術学部教授。精神科医師。『何度でもやりなおせる』(2017年、クリエイツかもがわ出版、共著) など。

早川　淳　元樟蔭東短期大学教授。『よくわかる家族福祉』(2002年、ミネルヴァ書房、共著) など。

藤本文朗　経歴は奥付参照

渋谷光美　羽衣国際大学人間生活学部教授。博士 (学術)。社会学。『家庭奉仕員・ホームヘルパーの現代史——社会福祉サービスとしての在宅介護労働の変遷』(2013年、生活書院、共著)。

コラム　上坂秀喜　東山区「不登校・ひきこもりを考える親の会」役員

石田史樹　地域包括支援センター、社会福祉士

伊藤康貴　長崎県立大学講師

高井逸史（たかい・いつし）

1965年生まれ、大阪経済大学人間科学部教授、博士（学術）、著書に『ほっとかない郊外――ニュータウンを次世代につなぐ』（2017年、大阪公立大学共同出版会、共著）、『わたしたちの生活と人権』（2014年、保育出版社、共著）など。

藤本文朗（ふじもと・ぶんろう）

1935年生まれ、滋賀大学名誉教授。博士（教育学）。全国障害者問題研究会顧問。『小・中学校の教師のための特別支援教育入門』（2020年、ミネルヴァ書房、共編著）、『ひきこもる人と歩む』（2015年、新日本出版社、共編著）など著書多数。

森下博（もりした・ひろし）

1943年生まれ、元大阪健康福祉短期大学教授。
著書に『「あたりまえ」からズレても』（2020年、日本機関紙出版センター、共編著）、『基礎学力はどのように形成されるか』（2009年、大阪健康福祉短期大学付属福祉実践研究センター）、『子どもが生きる時間と空間』（2006年、フォーラム・A、共著）

石井守（いしい・まもる）

1938年生まれ。高校や中学の教師を経て、NPO法人「社会的」ひきこもり・若者支援近畿交流会代表理事、社会福祉法人つむぎ福祉会理事長。著書に『社会的ひきこもりと登校拒否・不登校』（2014年、教育史料出版会）、『ひきこもり・青年の出発』（2005年、新日本出版社）など。

ひきこもっていても元気(げんき)に生(い)きる

2021年6月10日　初　版

編　者　高井逸史
藤本文朗
森下　博
石井　守

発行者　田所　稔

郵便番号　151-0051　東京都渋谷区千駄ヶ谷4-25-6
発行所　株式会社　新日本出版社
電話　03（3423）8402（営業）
03（3423）9323（編集）
info@shinnihon-net.co.jp
www.shinnihon-net.co.jp
振替番号　00130-0-13681

印刷　亨有堂印刷所　　製本　小泉製本

ISBN978-4-406-06606-8 C0037　Printed in Japan